U0927516

ERP 沙盘模拟指导教程

——实物+电子+人机对抗

何晓岚　钟小燕　主　编

刘兆军　　　　　　副主编

清华大学出版社

北　京

内 容 简 介

本书前 3 章在介绍 ERP 沙盘模拟的起源与意义的基础上，着重介绍了 ERP 实物沙盘和电子沙盘两种教学模式，以及人机对抗这种最新的 ERP 沙盘教学方法；第 4 章介绍了如何认识与剖析企业经营；第 5 章是参赛选手的实战总结，介绍了沙盘模拟的常用战术与战略。本书立足教学，突出实用，对广大沙盘爱好者有一定参考价值。

本书可用作大中专院校 ERP 沙盘实训用教材，也可用作相关培训人员及参赛选手的参考书。

图书在版编目(CIP)数据

ERP 沙盘模拟指导教程：实物+电子+人机对抗 / 何晓岚，钟小燕　主编. —北京：清华大学出版社，2016（2023. 2重印）

ISBN 978-7-302-43906-6

Ⅰ. ①E…　Ⅱ. ①何…　②钟…　Ⅲ. ①企业管理—计算机管理系统—教材　Ⅳ. ①F270.7

中国版本图书馆 CIP 数据核字(2016)第 111144 号

责任编辑： 刘金喜
封面设计： 范惠英
版式设计： 思创景点
责任校对： 曹　阳
责任印制： 朱雨萌

出版发行： 清华大学出版社
　　网　　址：http://www.tup.com.cn，http://www.wqbook.com
　　地　　址：北京清华大学学研大厦 A 座　　邮　　编：100084
　　社 总 机：010-83470000　　邮　　购：010-62786544
　　投稿与读者服务：010-62776969，c-service@tup.tsinghua.edu.cn
　　质 量 反 馈：010-62772015，zhiliang@tup.tsinghua.edu.cn

印 装 者： 三河市君旺印务有限公司
经　　销： 全国新华书店
开　　本： 185mm×260mm　　**印　　张：** 10.75　　**字　　数：** 207 千字
版　　次： 2016 年 5 月第 1 版　　**印　　次：** 2023 年 2 月第 9 次印刷
定　　价： 45.00 元

产品编号：070156-04

前 言

ERP沙盘模拟教学已经陆续被全国各大中专院校接受并引进，其形式新颖、逼真，全面地展现了管理流程和理念，同时具备高度的趣味性和竞争性。其核心内容是构造一个模拟的市场环境，将学生分成若干个团队，各经营一家企业，从事若干个会计年度的经营活动，综合运用战略、市场、财务、生产及物流等知识，解决企业经营中遇到的各类典型问题，在失败和成功的体验中低成本"建构"专业知识及管理者所需的能力与素质。

本教程以杭州百树科技有限公司最新研发的实物沙盘分析平台和百树电子沙盘V4.1(人机/人人)为教学工具，系统地阐述了ERP沙盘教学的两种主要形式，即实物与电子。这两种形式一定程度相辅相成，极大地促进了该教学形式的发展，深受诸多院校欢迎。据不完全统计，目前已有超过1500家的高等院校开设了此课程，也有超过700所院校的经管专业将本课程定位为专业必修课程。

然而，无论是实物沙盘，还是电子沙盘，均存在以下弊端。

(1) 组织难度大，工作量大。

(2) 训练学生人数有限。

(3) 学生无法进行课后训练。

为此，本教程介绍了一种最新的ERP沙盘学习形式——人机对抗。这是杭州百树科技有限公司研发的一种基于决策云平台、大数据支持的新型人工智能模式，与传统教学模式和教学工具完全兼容，既可以配合使用，也可以独立使用。由教师(裁判)给每一个学员分配账套，学员运用所分配的账套进行自我训练，具有以下特点。

(1) 学员兼具裁判和企业用户两种角色，且和电子沙盘两种角色操作界面、流程完全相同，一旦完成人机对抗训练，可以无缝过渡到人人竞赛模式。

(2) 有多种对抗方案可以选择。

(3) 提供决策云支持，机器队具有自我学习、自我修正经营决策能力。

(4) 突破时空限制，上网即可自我训练、反复训练。

(5) 组织容易，不依赖于对手，一人成赛。

本教程由浙江大学城市学院何晓岚、惠州城市职业学院钟小燕主编，何晓岚编写了第1、

2、3 章及第 4 章部分内容，钟小燕编写了第 4 章部分内容，楚万文编写了第 5 章第 1、2、3 节内容，潘锦辉编写了第 5 章第 4 节，辽宁商贸职业学院的刘兆军负责统稿。

本书可用作大中专院校 ERP 沙盘实训用教材，也可以用作相关培训人员及参赛选手的参考书。如果在使用此书过程中有问题，或者对系统有任何意见，可联系作者：hexl@zucc.edu.cn，18682659@qq.com。

本书在编写过程中得到路晓辉、王新玲、柯明等人的启发和帮助，并部分引用了他们的一些观点，在此一并致谢，如有疏漏，深表歉意。由于作者水平有限，错误之处在所难免，恳请多提宝贵意见，以期日后提高完善。

服务邮箱：476371891@qq.com

编　者

2016 年 3 月

目录

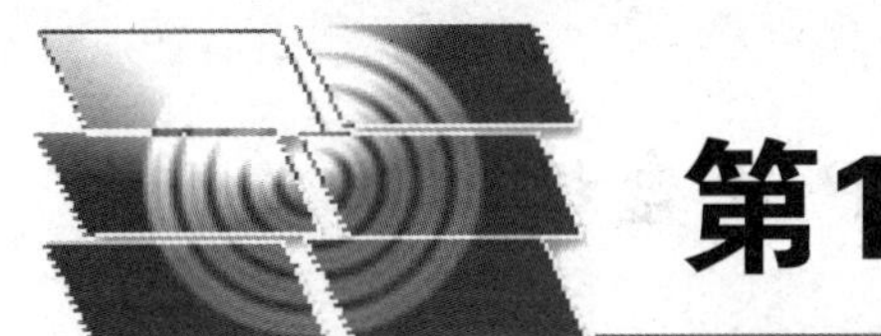

第1章 ERP沙盘模拟简介

这是管理者经营理念的“实验田”，是变革模式的“检验场”，即便失败，也不会给企业和个人带来任何伤害!

这是一场商业实战，“六年”的辛苦经营将把每个团队的经营潜力发挥得淋漓尽致，在这里可以看到激烈的市场竞争、部门间的密切协作、新掌握的经营理念迅速应用，以及团队的高度团结。

在模拟训练过程中，胜利者自会有诸多经验与感叹，而失败者则更会在遗憾中体悟和总结。

1.1 ERP沙盘含义及起源

提到沙盘，人们自然会联想到战争年代军事作战指挥沙盘或是房地产开发商销售楼盘时的规划沙盘。它们均清晰地模拟了真实的地形地貌，同时又省略了某些细节，让指挥员或者顾客对形势有个全局的了解。

管理大师德鲁克说：“管理是一种实践，其本质不在于‘知’而在于‘行’；其验证不在于逻辑，而在于成果，其唯一权威就是成就。”可见管理教学实践的重要性，但是多年来一直缺乏有效的手段。

ERP沙盘将企业合理简化，但同时反映了经营本质，让学员在这个模型上进行实际演练，为管理实践教学提供了良好的手段。

自从1978年被瑞典皇家工学院的Klas Mellan开发之后，ERP沙盘模拟演练迅速风靡全球。现在国际上许多知名的商学院(如哈佛商学院、瑞典皇家工学院等)和一些管理咨询机构都在用

ERP 沙盘模拟演练，对职业经理人、MBA、经济管理类学生进行培训，以期提高他们在实际经营环境中决策和运作的能力。诸多院校也相继引进 ERP 沙盘模拟教学。

1.2 ERP 沙盘模拟意义

在此借用华北电力大学刘树良老师的知识立方体图(如图 1-1)说明 ERP 沙盘模拟的意义。通过知识宽度、实践性和管理层次三个维度，将人才分成两大类、八种，介绍如下。

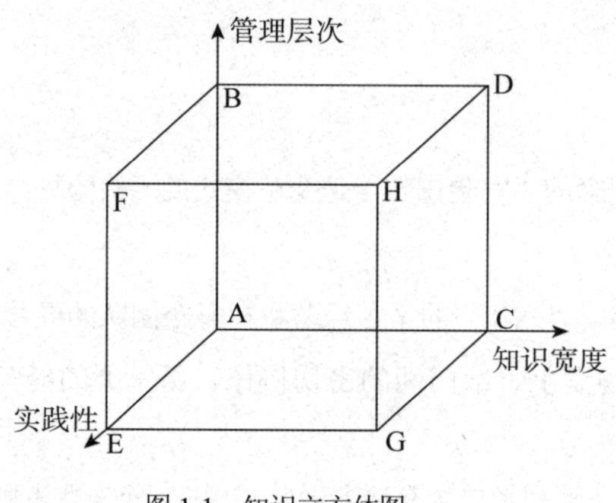

图 1-1　知识立方体图

言传性知识为主：

A：专—理—低　低层次专家

B：专—理—高　学术专家

C：宽—理—低　低层次杂家

D：宽—理—高　学术权威

意会性知识为主：

E：专—实—低　低层次职能人员

F：专—实—高　高层次职能经理

G：宽—实—低　小企业经理

H：宽—实—高　高层次经营管理者

企业管理者需要两类知识：言传性知识——可以通过语言或文字来传递的知识；意会性知

识——只能通过实践来领悟的知识。传统管理教学手段显然只能提供言传性知识，然而社会需要管理者掌握综合知识，特别是意会性知识。ERP 沙盘模拟培训定位正是为学员提供意会性知识的。

ERP 沙盘模拟是一种体验式教学，融团队合作、角色扮演、案例分析和专家诊断于一体。让学生站在最高层领导的位置上来分析、处理企业面对的战略制定、组织生产、整体营销和财务结算等一系列问题，亲身体验企业经营过程中的“酸、甜、苦、辣”，在“做”的过程中领悟企业高层管理者所应掌握的“意会性知识”。根据美国缅因州国家训练实验室提出的“学习金字塔”理论，如图 1-2 所示，让学生能够使用课本知识“做中学”是一种非常有效的学习手段，两周后平均学习保持率高达 75%。

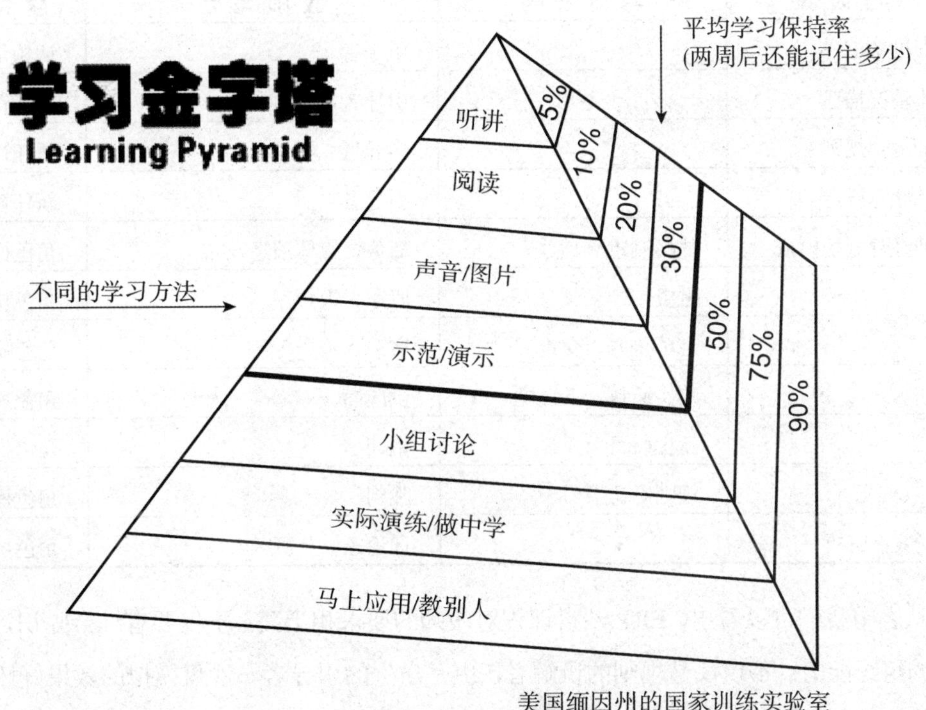

图 1-2　“学习金字塔”理论

管理教学中较为常用的案例教学主要是通过各抒己见来相互学习、借鉴，通过一个个静态案例的多种分析与决策方案的比较来获得知识。而ERP 沙盘模拟是通过亲身体验来学习的，通过对一系列动态案例的连续不断的分析与决策过程来获得知识，有结果的反馈。两种学习方法的效果优劣是不言而喻的。

ERP 沙盘模拟是一种综合训练。学生可以将所学的各种知识应用到经营过程中，从而获得综合能力的提高。ERP 沙盘模拟涉及战略管理、市场营销、生产管理、物流管理及财务会计，传统教学体系中是没有类似的课程的。

ERP 沙盘模拟也可以作为一种选拔人才的手段。企业在选拔经营管理人才时，可通过观察应征者在参与模拟活动中的表现来确定适合的人选。中央电视台“赢在中国”节目正是应用沙盘模拟作为一个环节来选拔创业人才。

ERP 沙盘模拟改变了传统课堂的师生关系。教师仍是课堂的灵魂，但其角色在课程的不同阶段是不断变化的，如表 1-1 所示。

表 1-1　课程不同阶段教师所扮演的角色

课 程 阶 段	具 体 任 务	教 师 角 色	学 生 角 色
组织准备工作		引导者	认领角色
基本情况描述		引导者	新任管理层
企业运营规则		引导者	新任管理层
初始状态设定		引导者	新任管理层
企业经营竞争模拟	战略制定	商务、媒体信息发布	角色扮演
	融资	股东、银行家	角色扮演
	订单争取、交货	客户	角色扮演
	购买原料、下订单	供应商	角色扮演
	流程监督	审计	角色扮演
	规则确认	裁判	角色扮演
现场案例解析		评论家、分析家	角色扮演

从表中我们可以看出，ERP 沙盘课程对教师的要求相当高，不仅要有综合知识，还需要有很强的组织能力；不仅仅是规则的讲解者，更是学生的引导者。沙盘模拟的效果好坏、学生的收益大小，教师起到决定性作用。

ERP 沙盘模拟与现实经营并不完全是一回事，我们不能一味苛求 ERP 沙盘和现实企业经营完全相符，这样反而不利于对企业经营全局的认识和把握。ERP 沙盘模拟在某些处理环节(如账务、税收、报表等)是高度简化甚至有所变通，和现实规范不符，但只要其处理方法在逻辑上成立就无须指摘。这和地理沙盘是一个道理，如果一味要求和实际地形地貌完全相符，只能导致使用者看不清主要地点之间的位置关系。

1.3　ERP 沙盘模拟在管理学科体系中的作用与地位

ERP 沙盘模拟是一门综合性非常强的实训课程，其内容涵盖管理学科的所有主干课程，其关系可以简单用图 1-3 表示。

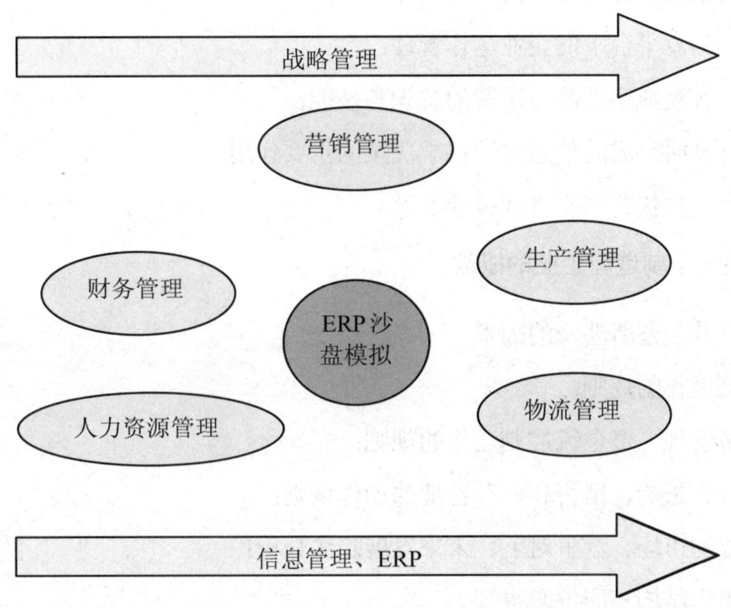

图 1-3　ERP 沙盘模拟与相关课程关系图

下面将 ERP 沙盘模拟与不同课程所关联的主要知识点列于表 1-2 中。

表 1-2　ERP 沙盘模拟涉及主要知识点

项　目	内　容
战略管理	企业环境分析、SWOT 分析、波士顿矩阵分析、平衡计分卡
营销管理	市场开拓、广告投放、营销组合、竞争对手分析、市场机会发现、产品组合、产品生命周期理论
财务管理	会计核算、投资策略、融资策略、现金预算、如杜邦分析、盈亏平衡分析、全成本核算
生产与物流管理	生产计划、设备管理、质量认证体系、产销排程、库存管理、JIT、采购管理
人力资源管理	团队建设、岗位考核、团队合作
信息管理、ERP	系统观、信息集成、信息化工具应用

可见，ERP 沙盘模拟涵盖了管理学科主干课程及重要知识点，是对传统课堂教学的有益补充和完善。

1.4 ERP 沙盘模拟课程内容

1. 深刻体会 ERP 核心理念

- 感受管理信息对称状况下的企业运作；
- 体验统一信息平台下的企业运作管理；
- 学习依靠客观数字评测与决策的意识与技能；
- 感悟准确及时集成的信息对于科学决策的重要作用；
- 训练信息化时代的基本管理技能。

2. 全面阐述一个制造型企业的概貌

- 制造型企业经营所涉及的因素；
- 企业物流运作的规则；
- 企业财务管理、资金流控制运作的规则；
- 企业生产、采购、销售和库存管理的动作规则；
- 企业面临的市场、竞争对手、未来发展趋势分析；
- 企业的组织结构和岗位职责等。

3. 了解企业经营的本质

- 资本、资产、损益的流程、企业资产与负债和权益的结构；
- 企业经营的本质——利润和成本的关系、增加企业利润的关键因素；
- 影响企业利润的因素——成本控制需要考虑的因素；
- 影响企业利润的因素——扩大销售需要考虑的因素；
- 脑力激荡——如何增加企业的利润。

4. 确定市场战略和产品、市场的定位、产品需求的数量趋势分析

- 产品销售价位、销售毛利分析；
- 市场开拓与品牌建设对企业经营的影响；
- 市场投入的效益分析；
- 产品盈亏平衡点预测；
- 脑力激荡——如何才能拿到大的市场份额。

5. 掌握生产管理与成本控制

- 采购订单的控制——以销定产、以产定购的管理思想；
- 库存控制——ROA 与减少库存的关系；
- JIT——准时生产的管理思想；
- 生产成本控制——生产线改造和建设的意义；
- 产销排程管理——根据销售订单拟订生产计划与采购计划；
- 脑力激荡——如何合理地安排采购和生产。

6. 全面计划预算管理

- 企业如何制定财务预算——现金流控制策略；
- 如何制订销售计划和市场投入；
- 如何根据市场分析和销售计划，制订安排生产计划和采购计划；
- 如何进行高效益的融资管理；
- 脑力激荡——如何理解“预则立，不预则废”的管理思想。

7. 科学统筹人力资源管理

- 如何安排各个管理岗位的职能；
- 如何对各个岗位进行业绩衡量及评估；
- 理解“岗位胜任符合度”的度量思想；
- 脑力激荡——如何更有效地监控各个岗位的绩效。

8. 获得学习点评

- 培训学员实际训练数据分析；
- 综合理解局部管理与整体效益的关系；
- 优胜企业与失败企业的关键差异。

1.5 ERP 沙盘模拟课程形式

ERP 沙盘模拟课程可分为实物沙盘经营和电子沙盘经营两种形式。实物沙盘经营优点是形象直观，灵活性高，教师把控自由度大，经营气氛好，适合初学者，又可以细分为：

(1) 传统游戏形式。这种形式是模拟经营过程中的交易环节(包括采购、交货、购买设备、应收款等)都在模拟公司自主进行(钱币等都在学生处，随用随取)，学生充分地自娱自乐，带有浓郁的游戏成分，但由于缺少交易过程的有效监控，很多规则无法得到准确的执行。

(2) 交易控制形式。这种授课方式是由教师(或者学生助理)扮演不同的交易对象，经营过程中的主要交易环节必须和教师进行交易确认，基本形式是所有的钱币和标牌都由教师控制，交易过程必须由教师(代表各种交易对象)确认后才能执行，教师就是一个交易规则的裁判，根据规则判定交易的执行。

游戏形式的教学中，学生往往为了交易成功，随意改变规则，牺牲了规则的严肃性，掩盖了错误，不能起到修炼职业素质的目的，从授业的角度看，其效果最差。交易控制形式是目前教学效果较好的一种形式，因为这种控制形式与现实经营环境基本一致，交易的成败由扮演各种交易方的教师(或者学生助理)把控，教师既可按照规则执行交易，又可有弹性地修订规则执行交易，可以演绎出各种成交的可能，非常适合于初次教学。缺点是组织要求高，监控难度大，一次参与不宜超过十组。

电子沙盘可独立运行，也可以结合实物教具运行，其优点是监控容易，一次参与队数较多。缺点是不够形象直观，只适合提高经营者及竞赛。

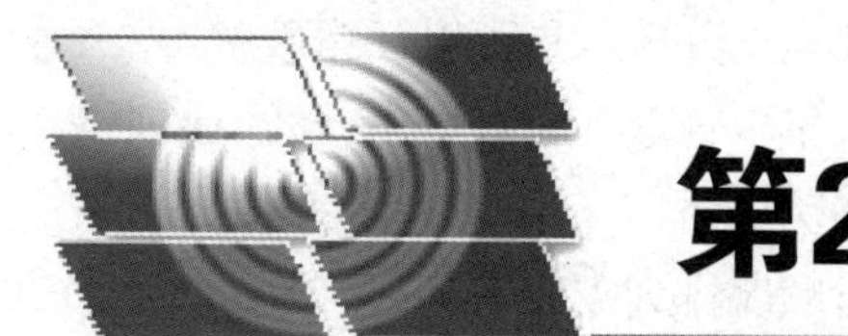

第2章 ERP实物沙盘经营

2.1 ERP 实物沙盘组成及课程设计

实物沙盘由教具和分析平台软件两部分构成。教具组成如表 2-1 所示。

表 2-1 实物沙盘教具组成

序　　号	名　　称	说　　明
1	盘面	一张盘面表示一家企业，一般有 6 至 12 张，每张盘面分营销与规划中心、生产中心、物流中心、财务中心
2	生产线模板	用于表示生产线——手工线、半自动线、自动线、柔性线、超级手工线、租赁线
3	产品标识	用于表示生产线是生产哪种产品——P1、P2、P3、P4……
4	灰币	表示现金，一个币表示 1W，一桶 20 个，表示 20W
5	彩币	分红、黄、蓝、绿四种颜色，表示原材料 R1、R2、R3、R4
6	空桶	用于盛装灰币或彩币，同时可表示原料订单、长短贷
7	产品资格证	表示可以生产拥有资格证的产品
8	市场准入证	表示该企业可以在拥有准入证的市场投放广告，拿订单
9	ISO 资格证	表示可以获取有 ISO 资格要求的订单，分 ISO 9000、ISO 14000 两种

注：本表所列教具均可以耗材形式获得(www.135e.com)，也可以根据教学需要增加要素，如 R5、P5 等。

新创业者实物沙盘分析平台用于实物沙盘教学中数据管理与分析，是实物沙盘教学中必不可少的辅助工具。有不少厂商也提供了基于 Excel 的分析记录工具，但存在以下缺陷。

- 兼容性较差，Excel 有较多版本，某些版本下该分析工具不能使用。
- 数据与程序未作分离，使得订单与规则无法更新改变，难以适应教学比赛要求。
- 保护性差，分析工具可以任意破解。
- 数据未集中管理，应收、生产线、资质等不同数据登记在不同的 Excel 表格中，导致数据易丢失。
- 选单时顺序排列需要教师人工判断，工作量大，且容易出错。

新创业者实物沙盘分析平台[1]克服了上述缺陷，具有以下特点。

- 支持多班同时教学，且各班级数据完全独立。
- 支持不同队伍教学，且订单可以灵活配置。
- 自动排定选单顺序，减轻教师工作强度。
- 和现有各厂家物理沙盘兼容。
- 仅教师一人录入数据，所有数据均可以灵活修改。
- 支持自动升级，提供各种教学资源。
- 数据灵活管理，但数据间又有联系，数据跟着盘面走；盘面发生变化，数据可以随时改变。

实物沙盘教学设计分为 6 个阶段，每阶段内容如表 2-2 所示。

表 2-2　课程不同阶段的内容

序　号	课程阶段	具体内容
1	组织准备工作	分组(每组 4～6 人)、角色定位、明确经营目标
2	基本情况描述	了解股东期望、企业目前财务状况、市场占有率、产品、生产设施、盈利能力
3	企业运营规则	市场划分与准入、选单、生产线与厂房、融资、原料、产品、ISO 等
4	初始状态设定	接手一家已经经营三年的企业，将企业现状展现在盘面上
5	企业经营竞争模拟	战略制定、融资、订单争取及交货、购买原料及下订单、流程监督、规则确认、关账等
6	现场案例解析	管理者反思，教师点评，体悟得失

2.2　新管理层接手[2]

在模拟运营之前，首先需要对企业有一个大致的了解，这是一家典型的离散制造型企业，已经创建 3 年，长期以来专注于某行业 P 系列产品的生产与经营。企业的整体状况如图 2-1 所示。

1　提供试用版本，也支持提供云平台(www.135e.com)，使用说明见附录。

2　接手企业已经经营若干年，与新创业者实物沙盘分析平台默认设置一致，也可以自行设置初态。

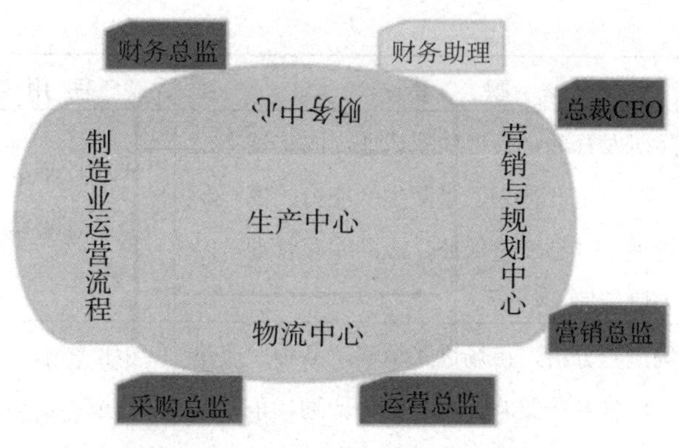

图 2-1　ERP 沙盘企业

该企业由 4 个中心组成，分别是营销与规划中心、财务中心、生产中心、物流中心。目前企业拥有自主厂房——大厂房，其中安装了三条手工线和一条半自动线，均生产 P1 产品，几年以来在本地市场销售，声誉良好，客户较为满意。

2.2.1　组织准备

企业管理层墨守成规，导致企业缺乏活力，股东大会从长远发展考虑，决定将企业交由一批新人去发展，希望新管理层能够把握机遇，投资新产品，开发新市场，扩大规模，采用现代化生产手段，带领企业实现腾飞。同时考虑到新人缺乏经验，决定第一年由原 CEO 带领新管理层经营一年，为将来新管理层独立经营打下良好基础。

管理层角色与分工如表 2-3 所示。

表 2-3　管理层分工[1]

角　色	职　责	使用表单	备　注
总裁 CEO	综合小组各个角色提供的信息，决定本企业每件事做还是不做，对每件事情的决策及整体运营负责	运营流程表	初始模拟年由老总裁辅助新总裁
财务总监	日常财务记账和登账，向税务部门报税，提供财务报表，日常现金管理，企业融资策略制定，成本费用控制，资金调度与风险管理，财务制度与风险管理，财务分析与协助决策——保证各部门能够有足够的资金支撑	运营流程表 财务报表 现金预算表	可下设财务助理，承担部分职责

1　某些场合可能只有 4 人，则生产总监与采购总监合并为运营总监；若只有 3 人，则总裁与营销总监可以合并。

(续表)

角　色	职　责	使用表单	备　注
生产总监	产品研发管理，管理体系认证，固定资产投资，编制生产计划，平衡生产能力，生产车间管理，产品质量保证，成品库存管理，产品外协管理	生产计划及采购计划 开工计划表	可下设生产助理，承担部分职责
营销总监	市场调查分析，市场进入策略，品种发展策略，广告宣传策略，制定销售计划，争取订单与谈判，签订合同与过程控制，按时发货，应收款管理，销售绩效分析，竞争对手情报刺探——透彻地了解市场并保证订单的交付	市场预测 订单登记表 产品销售核算统计表 市场销售核算统计表 组间交易明细表	可下设营销助理，承担部分职责
采购总监	编制采购计划，供应商谈判，签订采购合同，监控采购过程，到货验收，仓储管理，采购支付抉择，与财务部协调，与生产部协同，原材料库存管理	生产计划及采购计划 采购及材料付款计划	本岗位任务相对较轻，可以协助其他岗位承担部分职责

2.2.2 基本情况

新领导班子接手时，需要对企业的财务状况有一个完整的了解，考察企业的综合费用表、利润表及资产负债表，如表 2-4 所示。

表 2-4　接手时企业财务报表(单位：W)

综合费用表(a)

项　目	金　额
管理费	4
广告费	3
设备维护费	4
其他损失	
转产费	
厂房租金	
新市场开拓	
ISO 资格认证	
产品研发	
信息费	
合计	11

利润表(b)

项　目	金　额
销售收入	35
直接成本	12
毛利	23
综合费用	11
折旧前利润	12
折旧	4
支付利息前利润	8
财务费用	4
税前利润	4
所得税	1
年度净利	3

资产负债表(c)

项　　目	金　　额	项　　目	金　　额
现金	20	长期负债	40
应收款	15	短期负债	
在制品	8	应交所得税	1
产成品	6	—	—
原材料	3	—	—
流动资产合计	52	负债合计	41
厂房	40	股东资本	50
生产线	13	利润留存	11
在建工程		年度净利	3
固定资产合计	53	所有者权益合计	64
资产总计	105	负债和所有者权益总计	105

综合费用表用于记录企业在一个会计年度中发生的各项费用，在 ERP 沙盘经营中，其明细如表 2-4(a)中所示，在上个年度中，企业支出综合费用共 11W。

利润表是企业在一定期间(一般为一个会计年度)的经营成果，表现为企业在该期间所取得的利润，它是企业经济效益的综合体现，又称为损益表或收益表。从表 2-4(b)中可以得出，该企业在上一个年度赢利 3W，尚欠 1W 税金，需要在下一个年度支付。

资产负债表是企业对外提供的主要财务报表，如表 2-4(c)所示。它是根据资产、负债和所有者权益之间的相互关系，即“资产=负债+所有者权益”的恒等关系，按照一定的分类标准和一定的次序，把企业特定日期的资产、负债和所有者权益三项会计要素所属项目予以适当排列，并对日常会计工作中形成的会计数据进行加工、整理后编制而成的，其主要目的是反映企业在某一特定日期的财务状况。通过资产负债表，可以了解企业所掌握的经济资源及其分布情况，了解企业的资本结构，分析、评价、预测企业的短期偿债能力和长期偿债能力，正确评估企业的经营业绩。

2.2.3　企业初始状态

从资产负债表和利润表可以了解企业的财务状况及当年经营成果，但无法得到更为细节的内容，如长期借款何时到期，应收账款何时可以回拢。为了让所有企业有一个公平的竞争环境，需要统一设定企业的初始状态，分布在沙盘盘面上。

特别提示

在 ERP 沙盘模拟中，以季度(Q)为经营时间单位，一年分成 4 个季度。

1. 经营要素

ERP 沙盘模拟企业以灰币表示现金(资金)，一个灰币代表 1W；红、黄、蓝、绿 4 种彩币表示原材料，分别代表值 R1、R2、R3、R4，每种原材料价值 1W；以灰币和彩币组合表示产品(仓库中)或在制品(生产线上)；以空桶(或纸条)表示原材料订单。如图 2-2 所示。

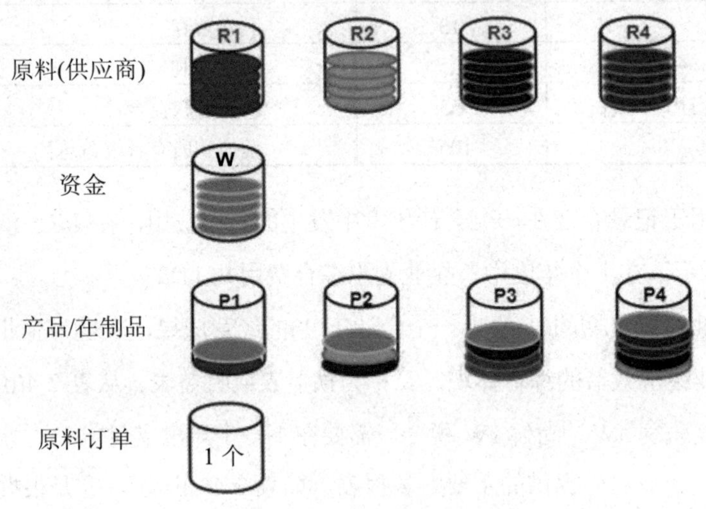

图 2-2 ERP 沙盘经营要素

2. 生产中心

企业生产中心有 2 个厂房[1]，其中大厂房有 6 条生产线位，小厂房有 4 条生产线位，目前企业拥有大厂房，价值 40W；4 条生产线，其中 3 条手工线和 1 条半自动线，扣除折旧，目前手工线账面价值(净值)为3W/条，半自动线账面价值(净值)为4W/条。财务总监去教师处领 4 个空桶，分别置入 3W、3W、3W、4W，并放置于生产线下方的“生产线净值”处；4 条生产线均有 P1 在制品，并且分别处于图 2-3 所示的生产周期；再放 2 个满桶灰币于厂房价值处，表示拥有价值 40W 的厂房。

1 盘面中有 4 个厂房，本规则只用 2 个。

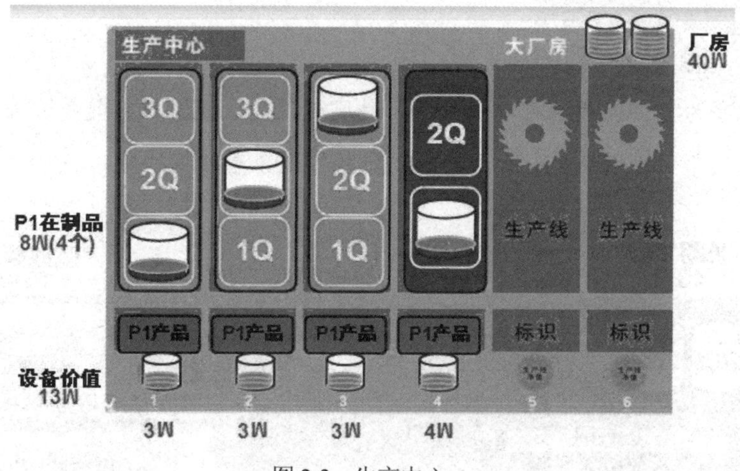

图 2-3　生产中心

3. 物流中心

P1 成品库有 3 个成品，每个成品由一个 R1 及 1W 加工费构成。生产总监、财务总监、采购总监合作将 3 个 P1 放置成品库中。另有 3 个 R1 原材料，每个价值 1W；还有 2 个 R1 订单，采购总监用两个空桶(可以用纸条代替)放置于 R1 订单处(R1 需要提前 1 个季度订货，采购价为 1W/个)，如图 2-4 所示。

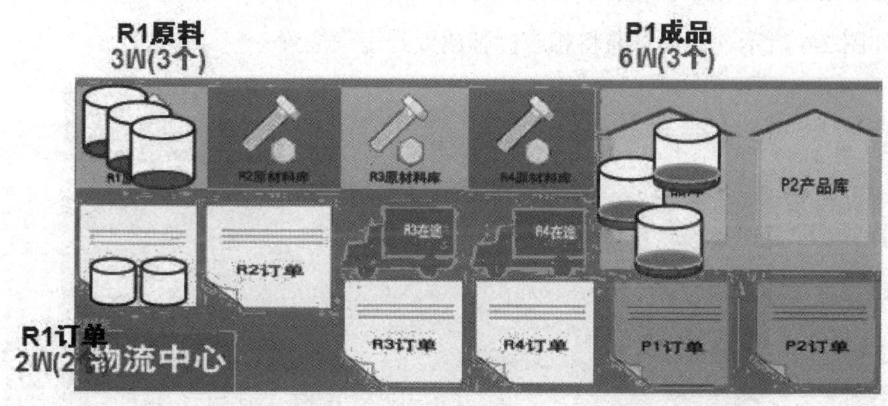

图 2-4　物流中心

4. 财务中心

企业有现金 1 桶，即 20W，3 季应收款 15W，4 年、5 年期长期贷款各 20W(也可以用纸条表示)，如图 2-5 所示。另外企业还有 1W 应交所得税(图中未显示)，需要在下年度初支付现金。

特别提示

长期贷款以年为单位，最长可以借 5 年，越靠近现金，还款日期越早。应收款及短期贷款均以季度为时间单位。图 2-5 中所示的应收账款再过 3 季可以收现。

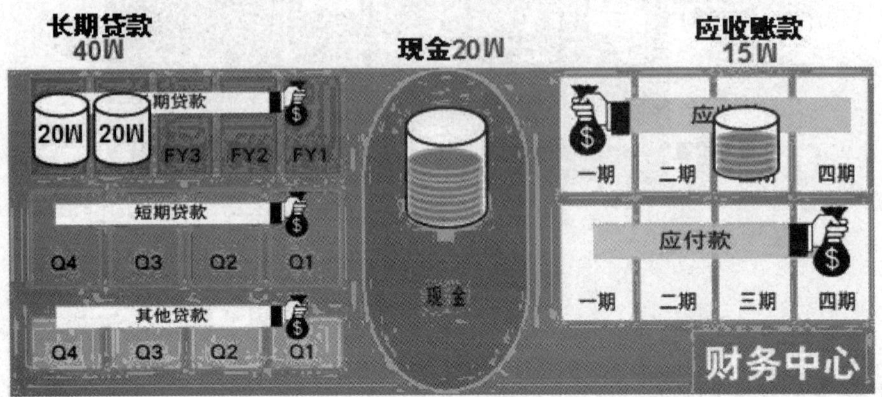

图 2-5　财务中心

5. 营销与规划中心[1]

目前该企业拥有 P1 生产资格，本地市场准入资格，还有 3 个产品、4 个市场及 ISO 认证待开发，如图 2-6 所示。营销总监将相应标牌放置到正确位置。

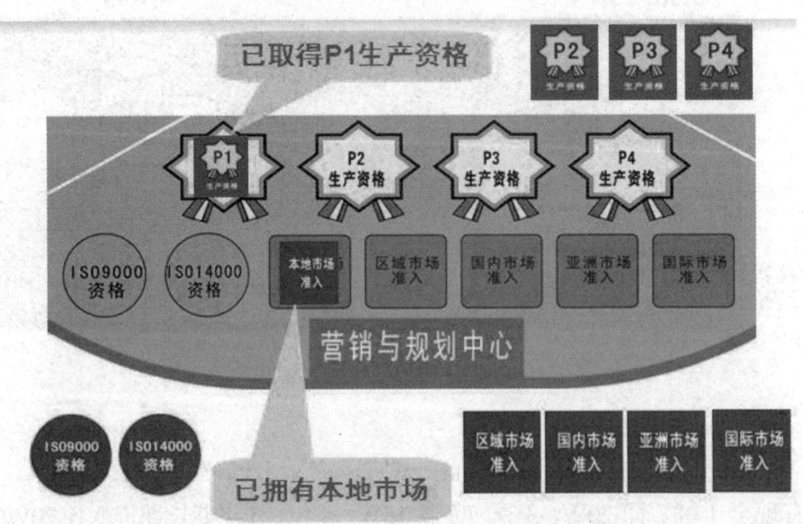

图 2-6　营销与规划中心

1　某些时候可能也会有 P5，可以根据需要灵活处理。

2.3　经营过程与规则[1]

ERP 沙盘经营分为年初、四季、年末 3 个时间大段。如表 2-5 所示。

表 2-5　整体经营过程

阶　段	任　务	备　注
年初	年度规划，广告投放，参加订货会，长贷	7 项工作
四季	贷款及采购，生产任务，交货及开发	18 项工作
年末	年末付款、关账	5 项工作
特殊工作	紧急采购、出售库存、贴现、厂房贴现	4 项工作，紧急时采用，可随时进行

注：教师也可以增加一些环节，如组间交易，企业间并购。

每一年经营由总裁 CEO 指挥，各岗位填写经营流程表(见附录)，有序地完成一年经营。各岗位需要各司其职，在经营流程表中填写自己负责的经营数据。总裁 CEO 在经营流程表中打勾表示完成该项任务；财务总监记录明细现金流入流出、费用发生、融资发生情况；采购总监记录原材料订货、出入库情况；生产总监记录生产线建设和变动情况，及在制品变化情况；营销总监记录生产资格、ISO、市场开发情况及产成品的出入库情况。

特别提示

经营流程表的顺序要严格遵守。例如不可先借长贷，再还长贷本息。

2.3.1　年初 7 项工作

1. 新年度规划会议

新的一年开始之际，企业管理团队要研究市场预测，制定(调整)企业战略，做出经营计划、设备投资规划、营销策划方案等。具体来讲，需要进行销售预算、可承诺量的计算及资金预算。

常言道："预则立，不预则废"。预算是企业经营决策和长期投资决策目标的一种数量表现，即通过有关的数据将企业全部经济活动的各项目标具体、系统地反映出来。销售预算是编制预算的关键和起点，主要是对本年度要达成的销售目标的预测，销售预算的内容是销售数量、价格和销售收入等。

参加订货会之前，需要计算企业的可接单量。企业可接单量主要取决于现库存和生产能力，因此产能计算的准确性直接影响销售交付。

1　为方便读者查询，本教程将规则汇总，见附录，也可以根据需要自行灵活设定规则。

还需要做出资金预算，判定是否有足够的资金支持本年的运行，完成经营目标。

2. 投放广告

ERP 实物沙盘模拟共有 5 个市场，4 个产品。

特别提示

我们将一个市场与产品的组合称为回合，最多有 20 个回合，分别是：(本地，P1)、(本地，P2)、(本地，P3)、(本地，P4)、(区域，P1)、(区域，P2)……(国际，P3)、(国际，P4)。

各企业需要填写当年的广告登记表，对每一个回合单独投放广告，如果该市场尚未开发出来，则不允许投放广告。

特别提示

- 产品资格未开发完成可以投放广告。
- 若希望获得有 ISO 要求的订单，则必须有相应的 ISO 资格认证。

在一个回合中，每投放 1W 广告费将获得一次选单机会，以后每多投 2W 增加一次选单机会。如：投入 7W 表示最多有 4 次机会，但是否能行使 4 次选单机会取决于市场需求，竞争态势；投入 2W 只有一次选单机会，但比投入 1W 的优先行使。

财务总监登记现金支出，并在盘面中取出相应现金放置于盘面“广告费”处。

3. 参加订货会选订单/登记订单

广告投放完毕，裁判将各队广告录入系统中，核实后，订货会开始。订货会按照(本地，P1)、(本地，P2)、(本地，P3)、(本地，P4)、(区域，P1)、(区域，P2)……(国际，P3)、(国际，P4)的顺序依次展开。每回合选单可能有若干轮，每轮选单中，各队按照排定的顺序，依次选单，但只能选一张订单。当所有队都选完一轮后，若还有订单，开始进行第二轮选单，依此类推，直到所有订单被选完或所有队退出选单为止，本回合结束。

特别提示

某个回合有多次选单机会，只要放弃一次，则视同放弃该回合所有选单机会，但不影响后面回合选单。

选单排序规则如下。

- 若分析平台初始化时选择有市场老大，则上年本市场销售排名第一的企业，如在该市场没有违约记录，称为市场老大，则在本年该市场投入广告的产品中(指所有产品)优先选单(若有几队并列销售第一，则由分析平台随机决定或者无市场老大)。

- 按照各企业在某回合投放广告费的多少，排定选单顺序。
- 如果在一个回合中投入的广告费用相同，按照投入本市场的广告费总和(即 P1、P2、P3 和 P4 的广告费之和)，排定选单顺序。
- 如果本市场的广告总额也一样，按照上年本企业在该市场上实现的销售额排名，排定选单顺序。
- 如果上年实现的销售额也相同，则先投广告者先选。

下面以(本地，P3)回合为例，说明选单过程[1]，如图 2-7 和图 2-8 所示。

第四年 --A 组（本地）					
产品	广告	订单总额	数量	9000	14000
P1					
P2				1	
P3	2	23	3		
P4					
第四年 --B 组（本地）					
产品	广告	订单总额	数量	9000	14000
P1					
P2				1	
P3	5	32＋17	4＋2		
P4					
第四年 --C 组（本地）					
产品	广告	订单总额	数量	9000	14000
P1					
P2					
P3	1	18	2		1
P4					

本地市场
2 P3
8.5W/个
= 17W
账期：4Q

本地市场
4 P3
8W/个
= 32W
账期：2Q
ISO9000

本地市场
2 P3
9 W/个
= 18W
账期：1Q
ISO14000

本地市场
3 P3
7.6W/个
= 23W
账期：4Q

图 2-7　选单

第四年 --A 组（本地）					
产品	广告	订单总额	数量	9000	14000
P1					
P2				1	
P3	2	23	3		
P4					
第四年 --B 组（本地）					
产品	广告	订单总额	数量	9000	14000
P1					
P2				1	
P3	5	32＋17	4＋2		
P4					
第四年 --C 组（本地）					
产品	广告	订单总额	数量	9000	14000
P1					
P2					
P3	1	18	2		1
P4					

图 2-8　选单结果

1　均为 4 季交货。

B 组先选了总价为 32W 的订单，C 组选了总价为 18W 的订单，A 组选了总价为 23W 的订单。B 组还有 2 次选单机会，但只能选剩余的一张。

订单有如下 5 个要素。

(1) 数量——要求各企业一次性按照规定数量交货，不得多交，不得少交，也不得拆分交货。

(2) 总价——交货后企业将获得一定的应收款或现金。

(3) 交货期——必须当年交货，不得拖到第二年，可以提前交货，不可推后，如规定第 3 季交货，可以第 1、2、3 任意季交货，不可第 4 季交货，违约则订单收回。

(4) 账期——在交货后过若干季度收到现金。如账期为 2Q，实际在第 3 季度完成交货，则将在下一年第 1 季度更新应收款时收到现金。

特别提示

➢ 收现时间从实际交货季度算起。

➢ 若账期为 0，则交货时直接收到现金。

(5) ISO 要求——分别有 ISO 9000 及 ISO 14000 两种认证，企业必须具备相应认证方可获得有认证要求的订单。

各企业应根据相应产能、设备投资计划选取订单，避免接单不足导致设备闲置或盲目接单，无法按时交货。选单完毕，及时填写订单登记表。

4. 支付应付税(所得税)

依法纳税是每个企业及公民的义务。请财务总监按照上一年利润表的“所得税”一项数值取出相应的现金放置于沙盘上的“税金”处，并做好现金收支记录。

特别提示

当年交的是上一年产生的所得税。

5. 支付长贷利息

累计长贷×长贷利率=应付长贷利息，请财务总监取出相应现金放置于沙盘的“利息”处。

6. 更新长期贷款/长期贷款还款

在盘面上将长贷空桶往现金方向推一格(表示一年)，从现金库取出到期本金，归还至银行，并做好登记。

7. 申请长期贷款

如有授信额度，可以申请长贷，长贷申请必须是 10 的倍数。可申请额度为：上一年所有者权益×贷款倍数-已有长短贷之和(贷款倍数通常为 3)。

财务总监去交易台获得相应数量长贷现金，做好现金登记；并在长期贷款相应借款年份位置做好标记。

特别提示

- 长贷可用空桶(一个表示 20W)或纸条表示，长贷最长可借 5 年。
- 借入长贷时，灰币放到现金处。

2.3.2 每季 18 项工作(重复进行 4 季)

1. 季初盘点

财务总监需要核对盘面现金与记录是否相符。

2. 更新短期贷款/短期贷款还本付息

更新短期贷款：如果企业有短期贷款，请财务总监将表示短贷的空桶(或纸条)向现金库方向移动一格。移至现金库时，表示短贷到期。

还本付息：短期贷款的还款规则是利随本清。短期贷款到期时，每桶需要支付 20W×5%=1W 利息，因此如有 20W 短贷，则本金与利息共记 21W。财务总监从现金库中取现金，其中 20W 还给银行，1W 放置于沙盘上的“利息”处并做好现金收支记录。

3. 申请短期贷款

财务总监到银行办理贷款手续。可以申请的最高额度为：上一年所有者权益×贷款倍数(通常为 3 倍)-已有长短贷之和。短期贷款申请数量必须是 20 倍数。完成借款请空桶(一个表示 20W)或纸条置于短贷 Q4 位置处，做好标记。

4. 原材料入库/更新原料订单

供应商发出的订货已经运抵企业时，企业必须无条件接受货物并支付料款。采购总监将原料订单区中的空桶向原料方向推进一格，到达原料库时，向财务总监申请原料款，支付给供应商，换取相应的原料，同时做好现金登记。

5. 下原料订单

采购总监根据年初制订的采购计划，决定采购原料的品种及数量，每个空桶代表一个原料，将相应数量的空桶放置于对应品种的原料订单处(或纸条)。根据采购提前期，必须提前订货，如R1必须提前1季。

特别提示

在盘面中分别用红、黄、蓝、绿4种彩币表示R1、R2、R3、R4四种原料，价格均为1W/个。

6. 购买/租用—厂房

厂房为一大(6条生产线)，一小(4条生产线)，企业最多只可以使用一大一小两个厂房。企业在新建生产线之前，必须以买或租的方式获得厂房。选择租用，租金在开始租用的季度交付，即从现金处取等量灰币，放在租金费用处，并将一只内放租金额字条的空桶，放在Q4应付款处，每季度推进空桶。一年租期到期时，如果决定续租，需再次将相应的现金放在租金处，并将有租金字条的空桶放在Q4应付款处(注：并未发生应付款，仅作记账用)；如果决定买厂房，取出厂房价值等量现金放置于盘面上厂房“价值”处。

特别提示

生产线不可以在不同厂房之间移动位置。

7. 更新生产/完工入库

由生产总监将各生产线上的在制品推进一格(从小数目方格推到大数目方格)。产品下线表示产品完工，将产品放置于相应的产品库中。

8. 新建/在建/转产/变卖—生产线

(1) 新建生产线

投资新设备时，生产总监向裁判领取新生产线标识及产品标识，生产线标识翻转放置于厂房相应生产线位处，其上放置与该生产线安装周期相同的空桶数，每个季度向财务总监申请建设资金，额度=设备总购买价值 / 安装周期，财务总监做好现金收支记录。

特别提示

新建生产线便已经决定生产何种产品了，但不要求企业一定有该产品生产资格。

(2) 在建生产线

生产线购买之后，需要进行二期(含)以上投资的均为在建生产线，生产总监向财务总监申请建设资金，放置于空桶内，财务总监做好收支记录。

以自动线为例，安装周期为 3 季，总投资额为 15W，安装操作可按表 2-6 所示进行。

表 2-6 安装操作步骤

操作时间	投资额	安装完成
1Q	5W	启动 1 期安装
2Q	5W	完成 1 期安装，启动 2 期安装
3Q	5W	完成 2 期安装，启动 3 期安装
4Q		完成 3 期安装，生产线建成

投资生产线的支付不一定需要连续，可以在投资过程中中断投资，也可以在中断投资之后的任何季度继续投资，但必须按照上表的投资原则进行操作。

特别提示

- 一条生产线待最后一期投资到位后，必须到下一季度才算安装完成，允许投入使用。
- 生产线安装完成后，盘面上必须将投资额放在设备价值处，以证明生产线安装完成，并将生产线标识翻转过来。
- 参赛队之间不允许相互购买生产线，只允许向设备供应商(管理员)购买。
- 安装周期为 0 表示随买随用，不需要安装周期。

(3) 生产线转产

生产线转产是指生产线转产生产其他产品。不同生产线类型转产所需要的调整时间和资金投入是不同的，可参阅具体规则。如果需要转产且该生产线需要一定的转产周期和转产费用，请生产总监翻转生产线标识，领取新的产品标识，按季度向财务总监申请并支付转产费用放于生产线标识上，停工满足转产周期要求并支付全部转产费用后，再次翻转生产线标识，开始新的生产。财务总监做好现金收支，并将转产费放于盘面相应位置处。

以自动线为例，转产需要一个周期，共 2W 转产费，在第 1 季度开始转产，投资 2W 转产费，第 2 季度完成转产，可以生产新产品。

特别提示

转产周期为 0 表示可以生产任何产品，无须转产。

(4) 变卖生产线

将变卖的生产线按残值放入现金区，其他剩余价值(净值-残值)放入“其他”费用处，记入当年“综合费用”，并将生产线交还给供应商即可完成变卖。

特别提示

在建及在产的生产线不可以变卖，转产中的生产线可以变卖，但转产费投入不可以收回。

9. 开始下一批生产

更新生产/完工入库后，某些生产线的在制品已经完工，同时某些生产线已经建成，可以考虑开始生产新产品。如果有该产品生产资格，由生产总监按照产品结构从原料库中取出原料，并向财务总监申请产品加工费，将上线产品摆放到第一生产周期上。

特别提示

- 下一批生产前提有 3 个：原料、加工费、生产资格。
- 任何一条生产线在产品只能有一个。
- 生产线可以停工。

10. 更新应收款/应收款收现

财务总监将应收款向现金库方向推进一格，到达现金库时即成为现金，需做好现金收支记录。

11. 按订单交货

营销总监检查各成品库中的成品数量是否满足客户订单要求，满足则按照客户订单交付约定数量的产品给客户。客户检查数量和交货期是否满足订单要求，满足则收货，并按订单上列明的条件支付货款，若为现金(0 账期)付款，营销总监直接将现金置于现金库，财务总监做好现金收支记录；若为应收账款，营销总监将现金置于应收款相应账期处。

特别提示

- 必须按订单整单交货。
- 必须当年交货，不得拖到第二年；可以提前交货，不可推后。如规定第 3 季交货，可以第 1、2、3 任意季交货，不可第 4 季交货，违约则订单收回。

12. 产品研发投资

按照年初制订的产品研发计划，营销总监向财务总监申请研发资金，置于相应产品生产资格位置，并做好现金收支记录。

13. 厂房—出售(买转租)/退租/租转买

如果企业已租或已购买了厂房，可以进行如下处理。

(1) 如果已购买的厂房中没有安装生产线，可卖出，增加Q4 账期应收款，将代表厂房价值的现金放置于 Q4 应收账款的位置。

(2) 如果已购买的厂房中有生产线，卖出后增加 Q4 账期应收款，并自动转为租用，从现金中扣除一年租金(将租金放在租金费用处)，记下起租的季度(在应付账款 Q4 处放一只内置租金额字条的空桶)。

(3) 租用的厂房可以作如下处理。

① 不论是否有生产线，均可支付现金，转为购买(租转买)，此时，只需要按厂房的购买价格扣除足量现金即可。

② 如果厂房中没有生产线，可以选择退租，在盘面中将相应应付款处的空桶取走。

③ 对已租用的厂房继续租用时，可在当季结束时交下一年租金(和交管理费同时，后面有进一步说明)。

14. 新市场开拓/ISO 资格投资

营销总监向财务总监申请市场开拓/ISO 资格投资费用，财务总监取出现金放置在要开拓的市场及 ISO 认证处。

特别提示

- 只有每年第 4 季允许该操作。
- 可以中断投资，但不可以加速投资。

15. 支付管理费/更新厂房租金

管理费用是企业为了维持运营而发放的管理人员工资、必要的差旅费、招待费等。财务总监每季取出 1W 摆放在“管理费”处，并做好现金收支记录。

在应付款处如果有租金字条的空桶更新满一年(4 季)，则需要续租厂房，现金库中取出下一年租金放于盘面租金处，并将有租金字条的空桶放应付款 Q4 处。

特别提示

营销总监此时应携带开发费去裁判处换取生产资格标识。

16. 现金收入合计

财务总监统计本季度现金收入总额。

17. 现金支出合计

财务总监统计本季度现金支出总额。

特别提示

第四季度统计的现金收支数字中包括四季度本身和年底发生的。

18. 期末现金对账

财务总监盘点现金余额，并进行核对。

特别提示

以上 18 项工作每个季度均要进行。

2.3.3 年末 5 项工作

1. 缴纳违约订单罚款

企业经营，诚信为本，如果未能及时交货，需要接受一定的惩罚，有以下几条。

- 按订单销售额一定比例缴纳罚款，并直接从现金中扣除，记入当年“其他”费用项。
- 收回该订单。
- 即使在该市场完成的销售额最高，下一年也无权获得市场老大地位。

请财务总监做好现金支出登记。

2. 支付设备维修费

已经建成的每条生产线需要支付 1W/年的维修费，生产总监向财务总监提出申请，财务总监取出现金放置于盘面“维修费”处，并做好现金收支记录。

特别提示

当年建成的生产线(不论在哪一季度)均需要支付设备维修费。

3. 计提折旧

固定资产折旧是指固定资产由于损耗而转移到生产经营管理成果中去的那部分以货币表现的价值，以折旧的形式计入生产经营成本。厂房不提折旧，设备(生产线)按平均年限法计提折旧，在建工程及当年建成的设备不计提折旧。财务总监从生产净值中取出折旧费放置于盘面“折旧”处。

特别提示

- 当年建成的生产线不提折旧。
- 当净值等于残值，则无须再提折旧。

➢ 折旧与现金流无关。

4. 新市场/ISO 资格换证

营销总监检查新市场/ISO 资格投资是否已经完成，若完成可携带开发费去管理员处换取相应标识。

5. 结账

财务总监需要编制综合费用表、利润表和资产负债表。

年度经营结束之后，管理员会将盘面上的各项成本取走，为来年经营做好准备。

2.3.4 四项特殊工作(随时可以进行)

1. 紧急采购

有如下两种情况会用到此功能。

➢ 如果下一批生产原材料预定不够，又需要当期使用，可以用成本价的 2 倍现金采购原料，采购总监提出申请，用一个灰币(现金)换取原料(彩币)；另外将一个灰币(现金)置于盘面“其他”处。

➢ 按订单交货发现产成品库存不足，可以用直接成本 3 倍价格采购，以直接成本价值现金去管理员处换取成品；另将 2 倍直接成本现金放置于盘面“其他”处。

2. 出售库存

一旦现金断流，可以用此方式融资。产品可以按照成本价售出；原料按照 8 折(该参数可调整)的价格售出，即直接成本为 10W 原料回收 8W 现金；若收回现金出现小数则向下取整，如出售直接成本 8W 原料，收回 6W 现金。

携带产品或原料到交易处兑换相当于直接成本价值现金，折价部分置于盘面“其他”处。

3. 贴现

贴现指将未来可以收到的应收账款提前收取，并付一定的费用。不同账期的应收款采用不同的贴现率，1、2 期应收款按 1∶10(10W 应收款扣 1W 贴息，小于 10W 的贴现均收取 1W 贴息)的比例贴现，3、4 期应收款按 1∶8(8W 应收款扣 1W 贴息，小于 8W 的贴现也收取 1W 贴息)。只要有足够的应收账款，可以随时贴现(包括次年支付广告费时，也可使用应收贴现)。从应收款中取出收现部分放于盘面“现金”处，其余放于“贴息”处。

特别提示

可将 1、2 期应收款加总贴现，如 1 期贴 4W，2 期贴 6W，则总共扣 1W 贴息；3、4 期操作相同。

4. 厂房贴现

正常情况下出售厂房后，直接转入4Q的应收账款。但在急用的情况下，且操作步骤没有轮到变卖厂房的操作时，可以利用本功能直接将厂房的价值按照4Q应收账款贴现(按1∶8的比例)。可将厂房价值分别转入现金、租金及贴息处。

例如，如果紧急出售有生产线的大厂房，将实际转入现金30W，其中5W转入贴现费用、5W转入厂房租金。如果紧急出售的大厂房中无生产线，则将转入现金35W。

为方便读者熟悉规则并查询，将规则汇总置于附件。

2.3.5 账务处理及经营报表生成

表2-7中列出了经营流程表中各项任务对应的账务处理要点。

表2-7 账务处理要点

流　程	说　明
新年度规划会议	无
投放广告	记入综合费用表广告费
参加订货会选订单/登记订单	无
支付应付税	无
支付长贷利息	记入利润表财务费用
更新长期贷款/长期贷款还款	无
申请长期贷款	无
季初盘点(请填余额)	无
更新短期贷款/短期贷款还本付息	利息记入利润表财务费用
申请短期贷款	无
原材料入库/更新原料订单	无
下原料订单	无
购买/租用—厂房	记入综合费用表厂房租金
更新生产/完工入库	无
新建/在建/转产/变卖—生产线	记入综合费用表转产费或其他损失
紧急采购(随时进行)	记入综合费用表其他损失
开始下一批生产	无
更新应收款/应收款收现	无

(续表)

流　　程	说　　明
按订单交货	记入利润表销售收入和直接成本
产品研发投资	记入综合费用表产品研发
厂房—出售(买转租)/退租/租转买	记入综合费用表厂房租金或其他
新市场开拓/ISO 资格投资	记入综合费用表市场开拓、ISO 资格认证
支付管理费/更新厂房租金	记入综合费用表管理费及厂房租金
出售库存	记入综合费用表其他损失
厂房贴现	租金记入综合费用表，贴息记入利润表财务费用
应收款贴现	贴息记入利润表财务费用
缴纳违约订单罚款	记入综合费用表其他损失
支付设备维护费	记入综合费用表设备维护费
计提折旧	记入利润表折旧
新市场/ISO 资格换证	无

完成一年经营后，首先根据盘面各费用项可以生成综合费用表，之后再生成利润表，如表 2-8 所示。

表 2-8　利润表数据来源及勾稽关系

编　号	项　目	数 据 来 源	勾 稽 关 系
1	销售收入	产品核算统计表	–
2	直接成本	同上	–
3	毛利		=1−2
4	综合费用	综合费用表	–
5	折旧前利润		=3−4
6	折旧	盘面	–
7	支付利息前利润		=5−6
8	财务费用	盘面	–
9	税前利润		=7−8
10	所得税	税前利润的 25%[1]	–
11	年度净利		=9−10

1　如果企业本年税前利润在弥补前五年亏损之后，仍有盈利，则(盈利部分×所得税率)计入当年所得税，并在下一年初交纳。如第 1、2、3 年税前利润分别为−5W、−6W、20W，则第 1、2 年不计税，第 3 年计税为(-5−6+20)×25%=2.25W，则实际支付 2W(四舍五入)，并在第 4 年初付现交纳。

计算所得税时还可能会遇到一种情况，如第 1、2、3 年税前利润分别为-5W、6W、3W，第二年产生应税利润 1W，不计税，第三年应税利润算为 1+3=4W，计税 1W，关于所得税的更详细介绍参见：http://bbs.135e.com (新手指南——填写报表)。

说明：销售收入——不论该销售有无收现，均记入当年销售收入

直接成本——只记已经实现销售的产品

财务费用——含长贷利息、短贷利息及贴息(只记已经付现的费用)

完成利润表后，可以生成资产负债表，如表 2-9 所示。

表 2-9　资产负债表数据来源及勾稽关系

项　目	来 源 说 明	项　目	来 源 说 明
现金	盘面	长期负债	盘面
应收款	盘面	短期负债	盘面
在制品	盘面	应交所得税	本年利润表
产成品	盘面	—	—
原材料	盘面	—	—
流动资产合计	以上各项目之和	负债合计	以上三项之和
厂房	盘面	股东资本	初始设定(不变)
生产线	盘面	利润留存	上年利润留存+上年年度净利
在建工程	盘面	年度净利	本年利润表
固定资产合计	以上三项之和	所有者权益合计	以上三项之和
资产总计	=流动资产合计+固定资产合计	负债和所有者权益总计	=负债合计+所有者权益合计

特别提示

在制品、产成品、原材料入账的是价值，而非数量。

2.4　起始年经营

学习了经营规则之后，老领导班子本着“扶上马、送一程”的原则，将带领新班子经营一年，称为起始年或第 0 年。新管理层在起始年主要任务是磨合团队，熟悉规则，为将来的经营打下基础。

老领导班子决定起始年以稳健为主，略有发展，制定如下经营策略。

- 年初支付 1W 广告费。
- 第 3 季申请 20W 短贷。
- 开发一条自动线(第二季开建)，生产 P1，第一季卖掉一条手工线。
- 第 4 季订 1 个 R1。

起始年得到本地市场一张订单——6 个 P1，2 个应收账期，32W 销售额。营销总监据此填写订单登记、销售核算统计表。执行以上经营策略，得到如表 2-10 和表 2-11 所示的运营流程表。

表 2-10 起始年运营流程表

	操 作 流 程	手 工 记 录			
初	新年度规划会议	20			
	广告投放	−1			
	参加订货会选订单/登记订单				
	支付应付税	−1			
	支付长贷利息	−4			
	更新长期贷款/长期贷款还款				
	申请长期贷款				
1	季初盘点(请填余额)	14	12	4	32
2	更新短期贷款/短期贷款还本付息				
3	申请短期贷款			20	
4	原材料入库/更新原料订单	−2			
5	下原料订单				(1R1)
6	购买/租用——厂房				
7	更新生产/完工入库				
8	新建/在建/转产/变卖——生产线	1	−5	−5	−5
9	紧急采购(随时进行)				
10	开始下一批生产		−2	−1	−1
11	更新应收款/应收款收现			15	32
12	按订单交货		交货		
13	产品研发投资				
14	厂房——出售(买转租)/退租/租转买				
15	新市场开拓/ISO 资格投资				
16	支付管理费/更新厂房租金	−1	−1	−1	−1
17	出售库存				
18	厂房贴现				
19	应收款贴现				
20	季末收入合计				
21	季末支出合计				
22	季末对账[(1)+(20)−(21)]	12	4	32	

(续表)

	操作流程	手工记录	
年末	缴纳违约订单罚款		
	支付设备维护费		−3
	计提折旧		(4)
	新市场/ISO 资格换证		
	结账		54

表 2-11　起始年财务报表

综合费用表

项　　目	金　　额
管理费	4
广告费	1
设备维护费	3
其他损失[1]	2
转产费	
厂房租金	
新市场开拓	
ISO 资格认证	
产品研发	
信息费	
合计	10

利润表

项　　目	金　　额
销售收入	32
直接成本	12
毛利	20
综合费用	10
折旧前利润	10
折旧	4
支付利息前利润	6
财务费用	4
税前利润	2
所得税[2]	0
年度净利	2

资产负债表

项　　目	金　　额	项　　目	金　　额
现金	54	长期负债	40
应收款		短期负债	20
在制品	6	应交所得税	
产成品	4	—	—
原材料	1	—	—
流动资产合计	65	负债合计	60
厂房	40	股东资本	50
生产线	6	利润留存	14

1　将手工线出售时净值为 3W，只得到相当于残值 1W 的现金，故记其他损失 2W。

2　所得税向下取整，2×25%=0.5，故此处记为 0。

(续表)

项　　目	金　　额	项　　目	金　　额
在建工程	15	年度净利	2
固定资产合计	61	所有者权益合计	66
资产合计	126	负债和所有者权益合计	126

学习了基本的经营流程和规则，新的管理层将接过企业发展的重任，完全独立经营，承担企业发展的重任。这是一个全新的开始，充满挑战与机遇。你将独立面对市场，但必须读懂由权威市场调研机构提供的对未来 6 年里各个市场需求所做的预测。该预测有很高的可信度，但根据这一预测进行企业运营，后果自负。

图 2-9 所示是本地市场 1～6 年的预测，左边柱状图表示各产品需要量，右边折线图表示平均价格。除了需求量和价格外，你还需要注意客户对技术及产品质量的要求。

至此，你将开始全新的经营之旅。

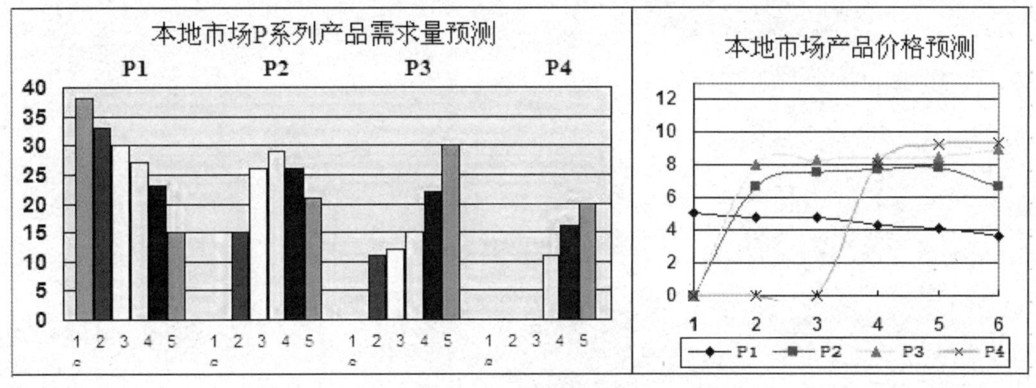

图 2-9　本地市场预测示例

第3章 ERP电子沙盘经营

3.1 百树电子沙盘V4.1(人机/人人)[1]介绍

企业模拟经营分基于过程和基于纯决策两类，前者以电子沙盘为代表，后者以“GMC”和“商道”为代表。前者注重经营过程，模拟情景，更适合没有企业经验的大中专学生；后者侧重对诸多决策变量进行分析，适合有企业经验的MBA学生或社会人士。前者的核心是模拟出企业经营场景并对过程进行合理的控制；后者的核心是对经营变量的数学建模。前者总体看是一个白箱博弈过程，后者是一个黑箱博弈过程。对于没有企业经验的学生而言，首先就是获得经营的感性认识，以此为基础，在一步步决策过程中学习经营管理。

杭州百树科技有限公司专注ERP沙盘模拟课程体系近十年，其中电子沙盘(人机对抗版)是公司倾力打造的“拳头”产品，如图3-1所示。全真模拟企业经营过程，感受市场竞争氛围，集成选单、多市场同选、竞单、组间交易等多种市场方式。

百树电子沙盘最多支持700个账套，分为人人竞赛与人机对抗两种模式，可以任意组合，其中人人对抗即传统电子沙盘教学竞赛形式，一个账套支持2～99组学员同时进行企业经营，相互合作竞争，具有以下特点。

(1) 自由设置市场订单和经营规则——其模板为Excel文件，运用Excel文件即可实现与全国同行交流。

(2) 可以自行设定初始资金、贷款额度及利率、所得税率、库存折价率、违约扣款率、选

---

1 www.135e.com，具体申请方法见附录。

单时间、间谍有效时间、市场老大等相关参数。

(3) 集成商战和创业者两种初始化模式。

(4) 支持当年还原、当季还原，并且支持学生端操作，由裁判控制。

(5) 经营活动全程监控，完整的经营数据分析，财务报表自动核对，经营数据 Excel 格式导出，使教学管理更轻松。

(6) 计时设置、一键导出所有经营数据、巡盘发布报表及广告信息。

(7) 软件自带数据引擎，无须借助外部数据库，免去了繁琐的数据库配置；自带 IIS 发布，无须做复杂的 IIS 配置，安装使用简便易行。

(8) 支持终身免费在线升级，获得教学资源。

(9) 与实物沙盘兼容，可以用于教学，用于竞赛更具优势。

(10) 提供配套教学资源，同时与主流产品教学资源通用。

(11) 集成 ERP 沙盘知识库，学生操作到任何一步，均可以在线同步学习相关知识，有文档、视频等多种形式，实现自我学习。

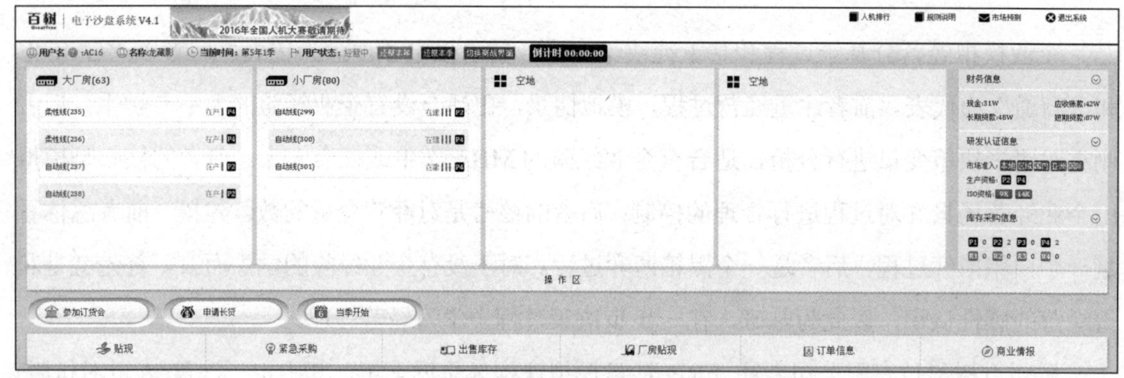

图 3-1　电子沙盘系统(人机对抗版)

3.2　电子沙盘经营规则与过程

ERP 实物沙盘经营侧重于对企业的综合认知，但这一训练存在不可回避的 3 个问题：其一，企业经营监控不力，在企业运营的各个环节，如营销环节、运营环节、财务环节等存在有意或无意的疏漏和舞弊，控制成本巨大；其二，受时空限制，参与课程人数有限；其三，教师工作量大，不能做到精细数据管理、管理工具和方法的综合应用。

电子沙盘经营可以作为集中课程进行，也可以由学生社团组织沙盘比赛的形式开展，特别是学生社团组织沙盘比赛，在层层比赛的形式中，可以让学生有更多的时间和更好的氛围，多次反复地进行体验训练。由于有这样反复“做”的过程，这一阶段可以让学生对企业经营从“会”的阶段，逐步进阶到“熟”的阶段。系统对各任务操作次数有严格规定，某些可以多次操作，某些只能一季操作一次。表 3-1 所示是实物沙盘与电子沙盘操作流程的对照。

表 3-1　实物沙盘与电子沙盘操作对照表

手工操作流程	系统操作对应按钮	系统操作要点	系统操作次数限制
投放广告	投放广告	输入广告费，确认	1 次/年
参加订货会选订单/登记订单	参加订货会	选单	1 次/年
支付应付税	投放广告	系统自动	
支付长贷利息	投放广告	系统自动	
更新长期贷款/长期贷款还款	投放广告	系统自动	
申请长期贷款	申请长贷	输入贷款数额并确认	不限
季初盘点(请填余额)	当季开始	产品下线，生产线完工(自动)	1 次/季
更新短期贷款/短期贷款还本付息	当季开始	系统自动	1 次/季
申请短期贷款	申请短贷	输入贷款数额并确认	1 次/季
原材料入库/更新原料订单	更新原料库	需要确认付款金额	1 次/季
下原料订单	下原料订单	输入并确认	1 次/季
购买/租用——厂房	购置厂房	选择并确认，自动扣现金	不限
更新生产/完工入库	当季开始	系统自动	1 次/季
新建/在建/转产/变卖——生产线	新建生产线，在建生产线，生产线转产，变卖生产线	选择并确认	新建/转产/变卖——不限，在建——1 次/季
紧急采购(随时进行)	紧急采购	随时进行输入并确认	不限
开始下一批生产	下一批生产	选择并确认	不限
更新应收款/应收款收现	应收款更新	需要输入到期金额	1 次/季
按订单交货	按订单交货	选择交货订单并确认	不限
产品研发投资	产品研发	选择并确认	1 次/季
厂房——出售(买转租)/退租/租转买	厂房处理	选择确认，自动转应收款	不限

(续表)

手工操作流程	系统操作对应按钮	系统操作要点	系统操作次数限制
新市场开拓/ISO 资格投资	市场开拓，ISO 投资	仅第四季允许操作	1 次/年
支付管理费/更新厂房租金	当季(年)结束	系统自动	1 次/季
出售库存	出售库存	输入并确认(随时进行)	不限
厂房贴现	厂房贴现	选择并确认(随时进行)	不限
应收款贴现	贴现	输入并确认(随时进行)	不限
—	间谍	选择并确认(随时进行)	不限
缴纳违约订单罚款	当年结束	系统自动	1 次/年
支付设备维修费	当年结束	系统自动	1 次/年
计提折旧	当年结束	系统自动	1 次/年
新市场/ISO 资格换证	当年结束	系统自动	1 次/年
结账	当年结束	系统自动(裁判核对报表)	1 次/年

下面将详细介绍电子沙盘系统学生端操作规则。

1. 首次登录

在浏览器[1]地址栏中输入“http://服务器地址”(若非 80 端口，则输入“http://服务器地址：端口”)进入系统，登录用户名前缀由裁判(教师)分配，登录号分别为 01、02、03 等，初始密码为“1”。系统需要修改登录密码，填写公司名称、公司宣言及各角色姓名，如图 3-2 所示。

图 3-2 首次登录

1 推荐谷歌浏览器，也支持搜狗、QQ、360 浏览器极速模式。

以下为年初操作。

2. 投放广告

单击系统中的“投放广告”按钮，显示如图 3-3 所示。

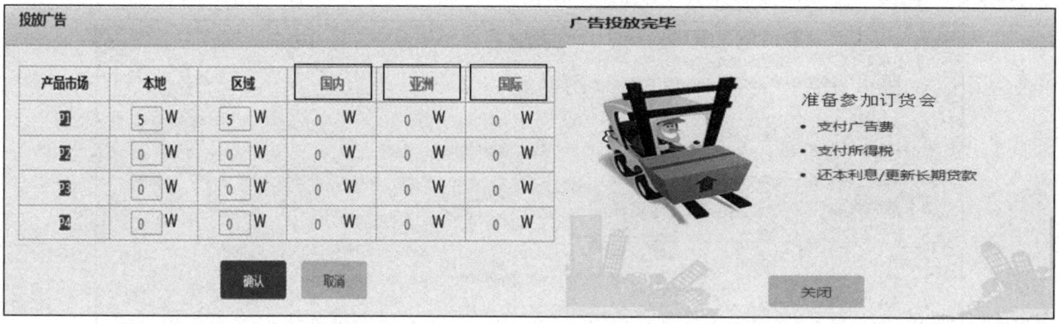

图 3-3　投放广告

- 没有获得任何市场准入证时不能投放广告(系统认为其投放金额只能为 0)。
- 不需要对 ISO 单独投放广告。
- 在投放广告窗口中，框线内为尚未开发完成的市场，不可投放广告。
- 产品资格未开发完成可以投放广告。
- 完成所有市场产品投放后，“确认支付”后不能返回更改。
- 投放广告确认后，长贷本息及税金同时被自动扣除(其中长贷利息是所有长贷加总乘以利率再四舍五入)。

特别提示

- 我们将一个市场与产品的组合称为回合。如图 3-3 所示，分别是(本地，P1)(本地，P2)、(本地，P3)(本地，P4)(区域，P1)(区域，P2)……(国际，P3)(国际，P4)20 个回合。
- 在一个回合中，每投放 1W(为参数，称为最小得单广告额，可修改)广告费将获得一次选单机会，此后每增加 2W(最小得单广告额 2 倍)，多一次选单机会。如：投入 7W 表示最多有 4 次机会，但是能否行使 4 次机会取决于市场需求，竞争态势。
- 最小得单如果为 10W，则每增加 20W 多一次选单机会。如果投小于 10W 广告则无选单机会，但仍扣广告费，对计算市场广告额有效。广告投放可以是非 10 倍数，如 11W，12W，均只有一次选单机会，但投入多者优先选单。

3. 获取订单

两种市场方式可以获得订单，即选单与竞单。

(1) 参加订货会——选单

上述投放广告针对的是选单，如图 3-4 所示。

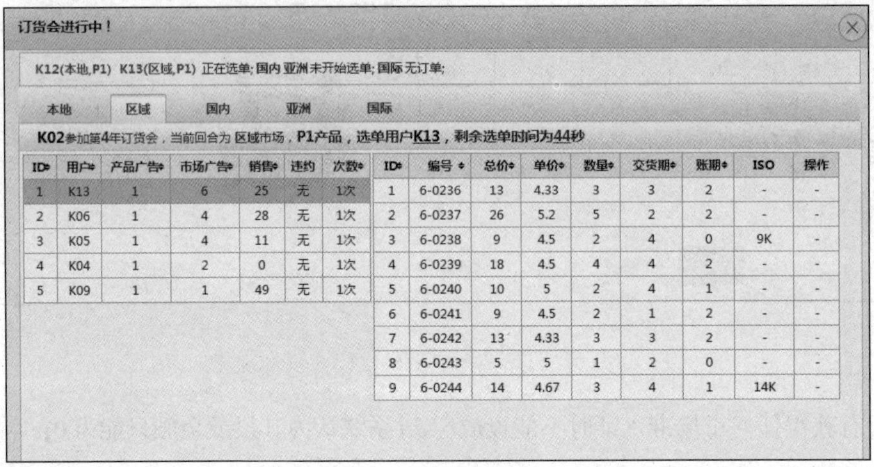

订货会进行中！

K12(本地,P1) K13(区域,P1) 正在选单; 国内 亚洲 未开始选单; 国际 无订单;

本地 区域 国内 亚洲 国际

K02参加第4年订货会，当前回合为 区域市场，**P1**产品，选单用户**K13**，剩余选单时间为**44**秒

ID	用户	产品广告	市场广告	销售	违约	次数
1	K13	1	6	25	无	1次
2	K06	1	4	28	无	1次
3	K05	1	4	11	无	1次
4	K04	1	2	0	无	1次
5	K09	1	1	49	无	1次

ID	编号	总价	单价	数量	交货期	账期	ISO	操作
1	6-0236	13	4.33	3	3	2	-	-
2	6-0237	26	5.2	5	2	2	-	-
3	6-0238	9	4.5	2	4	0	9K	-
4	6-0239	18	4.5	4	4	2	-	-
5	6-0240	10	5	2	4	1	-	-
6	6-0241	9	4.5	2	1	2	-	-
7	6-0242	13	4.33	3	3	2	-	-
8	6-0243	5	5	1	2	0	-	-
9	6-0244	14	4.67	3	4	1	14K	-

图 3-4 选单

- 系统自动依据以下规则确定选单顺序：上年市场销售第一名(且无违约)为市场老大，优先选单，若有多队销售并列第一则市场老大由系统随机决定，可能为其中某队，也可能无老人(本条适用于规则中市场老大设置为“有”)；之后以本回合广告额投放大小顺序依次选单；如果本回合广告额相同，则看本市场广告投放总额；如果本市场广告总额也相同，则看上年本市场销售排名；如仍无法决定，则先投广告者先选单。第一年无订单。
- 每回合选单可能有若干轮，每轮选单中，各队按照排定的顺序，依次选单，但只能选一张订单。当所有队都选完一轮后，若再有订单，有两次选单机会的各队进行第二轮选单。依此类推，直到所有订单被选完或所有队退出选单为止，本回合结束。
- 当轮到某一公司选单时，“系统”以倒计时的形式，给出本次选单的剩余时间，每次选单的时间上限为系统设置的选单时间，即在规定的时间内必须做出选择(选定或放弃)，否则系统自动视为放弃选择订单。无论是主动放弃还是超时系统放弃，都将视为放弃本回合的所有选单。
- 放弃某回合中一次机会，视同放弃本回合所有机会，但不影响以后回合选单，且仍可观看其他队选单。
- 选单权限系统自动传递。

➢ 系统自动判定是否有 ISO 资格。

➢ 选单时可以根据订单各要素(总价、单价、交货期、账期等)进行排序，辅助选单。

➢ 系统允许多个(参数)市场同时进行选单。如以两个市场同时开单为例，各队需要同时关注两个市场的选单进程，其中一个市场先结束，则第三个市场立即开单，即任何时候都会有两个市场同开，除非到最后只剩下一个市场选单未结束。如某年有本地、区域、国内、亚洲 4 个市场有选单，则系统首先将本地、区域同时放单，各市场按 P1、P2、P3、P4 顺序独立放单，若本地市场选单结束，则国内市场立即开单，此时区域、国内两市场保持同开，紧接着区域结束选单，则亚洲市场立即放单，即国内、亚洲两市场同开。选单时各队需要单击相应的“市场”按钮，一市场选单结束，系统不会自动跳到其他市场。

(2) 竞单

竞单也称为竞拍或者招标，如图 3-5 所示。竞单在选单后，不一定年年有，裁判会事先公布某几年有。

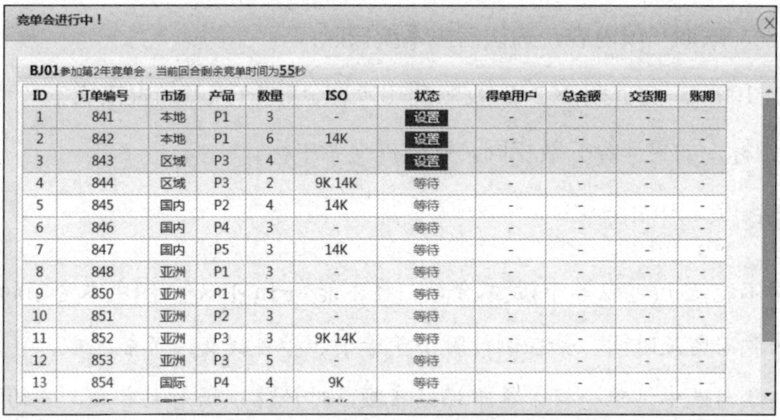

竞单会进行中！

BJ01参加第2年竞单会，当前回合剩余竞单时间为55秒

ID	订单编号	市场	产品	数量	ISO	状态	得单用户	总金额	交货期	账期
1	841	本地	P1	3	-	设置	-	-	-	-
2	842	本地	P1	6	14K	设置	-	-	-	-
3	843	区域	P3	4	-	设置	-	-	-	-
4	844	区域	P3	2	9K 14K	等待	-	-	-	-
5	845	国内	P2	4	14K	等待	-	-	-	-
6	846	国内	P4	3	-	等待	-	-	-	-
7	847	国内	P5	3	14K	等待	-	-	-	-
8	848	亚洲	P1	3	-	等待	-	-	-	-
9	850	亚洲	P1	5	-	等待	-	-	-	-
10	851	亚洲	P2	3	-	等待	-	-	-	-
11	852	亚洲	P3	3	9K 14K	等待	-	-	-	-
12	853	亚洲	P3	5	-	等待	-	-	-	-
13	854	国际	P4	4	9K	等待	-	-	-	-

图 3-5　竞单

竞单(和选单结构完全一样)标明了订单编号、市场、产品、数量、ISO 要求等，而总金额、交货期、账期三项为空。此三项要求各个队伍根据情况自行填写。

参与竞单的公司需要有相应市场、ISO 认证的资质，但不必有生产资格。

中标的公司需为该单支付1W(等于最小得单广告额，为可变参数)标书费，在竞单结束后一次性扣除，计入广告费。

如果(已竞得单数+竞单同竞数)×最小得单广告额>现金余额，则不能再竞单。即必须有一定现金库存作为保证金。如竞单同竞数为 3，库存现金为 5W，已经竞得 3 张订单，扣除 3W

标书费，还剩 2W 库存现金，则不能继续参与竞单，因为万一再竞得 3 张，2W 库存现金不足支付标书费 3W。此种情况下如果最小得单广告额为 10W，则即使有 59W 库存现金也不能继续参与竞单。

为防止恶意竞单，对竞得单张数进行限制，如果{某队已竞得单张数>ROUND(3×该年竞单总张数÷参赛队数)}，则不能继续竞单。

特别提示

- ROUND 表示四舍五入。
- 如上式为等于，可以继续参与竞单。
- 参赛队数指经营中的队伍，若破产继续经营也算在其内，破产退出经营则不算在其内。

如某年竞单，共有 40 张，20 队(含破产继续经营)参与竞单，当一队已经竞得 7 张单，因为 7>ROUND(3×40÷20)，所以不能继续竞单；但如果已经竞得 6 张，可以继续参与。

参与竞单的公司须根据所投标的订单，在系统规定时间(为参数，以倒计时秒形式显示)填写总价、交货期、账期三项内容，确认后由系统按照：

得分=100+(5−交货期)×2+应收账期−8×总金额÷(该产品直接成本×数量)

以得分最高者中标，如果计算分数相同，则先提交者中标。

特别提示

- 总金额不能低于(可以等于)成本金额，也不能高于(可以等于)成本金额的 3 倍。
- 必须为竞单留足时间，如在倒计时小于等于 5 秒再提交，可能无效。
- 竞得订单与选中订单一样，算市场销售额，对计算市场老大有效，违约扣违约金。
- 竞单时不允许紧急采购，不允许市场间谍。

4. 申请长期贷款(如图 3-6 所示)

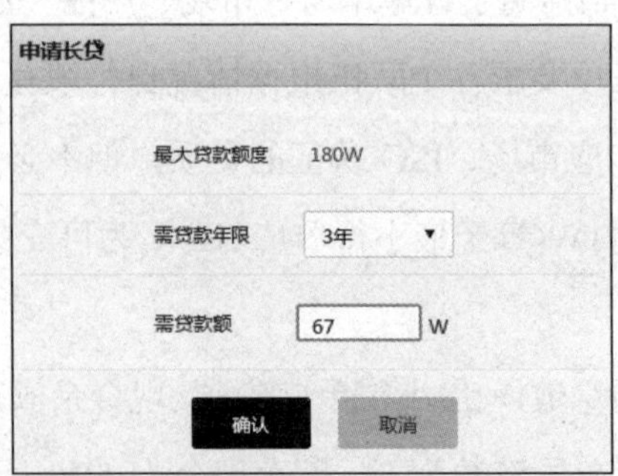

图 3-6　申请长贷

- 订货会结束后直接操作，一年只能操作一次，但可以申请不同年份的若干笔。
- 此操作必须在“当季开始”之前。
- 不可超出最大贷款额度，即长短贷总额(已贷+欲贷)不可超过上年权益规定的倍数(为参数，默认为 3 倍)。
- 可选择贷款年限，但不可超过最大长贷年限(为参数)，确认后不可更改。
- 贷款额为不小于 10 的整数。
- 计算利息时，所有长贷之和×利率，然后四舍五入。

摆盘：

增加现金，同时在长贷处增加不同年份贷款。

以下为四季操作。

5. 四季任务启动与结束(如图 3-7 所示)

图 3-7　四季任务启动与结束

- 每季经营开始及结束需要确认——当季开始、当季(年)结束(第 4 季为当年结束)。
- 请注意操作权限，亮色按钮为可操作权限。
- 如破产则无法继续经营，自动退出系统，可联系裁判。
- 现金不够请紧急融资(出售库存、贴现、厂房贴现)。
- 更新原料库和更新应收款为每季必走流程，且这两步操作后，前面的操作权限将关闭，后面的操作权限打开。
- 对经营难度无影响的话，操作顺序并无严格要求，建议按流程走。

6. 当季开始(如图 3-8 所示)

图 3-8　当季开始

- 选单结束或长贷后可以当季开始。
- 开始新一季经营必须当季开始。
- 系统自动扣除短贷本息。
- 系统自动完成更新生产、产成品完工入库、生产线建设完工及转产完工操作。

7. 当季结束(如图 3-9 所示)

图 3-9　当季结束

- 一季经营完成需要当季结束确认。
- 系统自动扣管理费(为参数)及续租租金并且检测产品开发完成情况。

特别提示

如果管理费与厂房数无关，则每季收取基本管理费(参数)；如果管理费与厂房数有关，则当厂房数量为 0、1、2 时，每季管理费为基本管理费；厂房数量为 3、4 时，每季管理费=基本管理费×2。

8. 申请短贷(如图 3-10 所示)

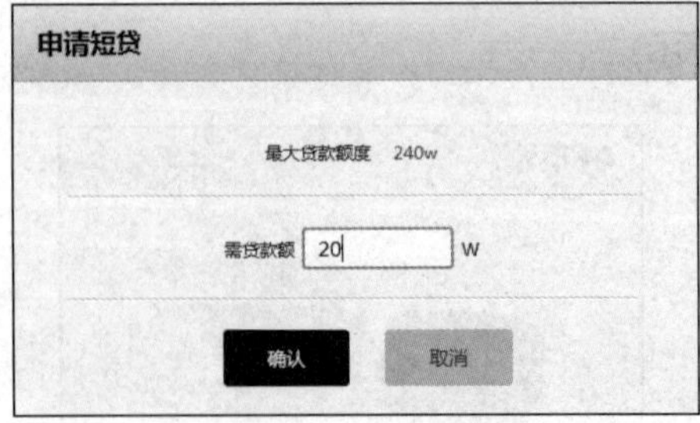

图 3-10　申请短贷

- 一季只能操作一次。
- 申请额为不小于 10 的整数。

➢ 不可超出最大贷款额度，即长短贷总额(已贷+欲贷)不可超过上年权益规定的倍数(为参数，默认为 3 倍)。

9. 更新原料库(如图 3-11 所示)

图 3-11 更新原料库

➢ 系统自动提示需要支付的现金(不可更改)。
➢ 执行“确认”即可，即使支付现金为零也必须执行。
➢ 系统自动扣减现金。
➢ 确认后，后续的操作权限方可开启(“订购原料”到“应收款更新”)，前面操作权限关闭。
➢ 一季只能操作一次。

10. 订购原料(如图 3-12 所示)

订购原料

原料	价格	运货期	数量
R1	1W	1季	0
R2	1W	1季	0
R3	1W	2季	0
R4	1W	2季	0

确认 取消

图 3-12 订购原料

➢ 输入所有需要订购原料的数量，然后确认。
➢ 确认订购后不可退订。
➢ 可以不下订单。

➢ 一季只能操作一次。

11. 购租厂房(如图 3-13 所示)

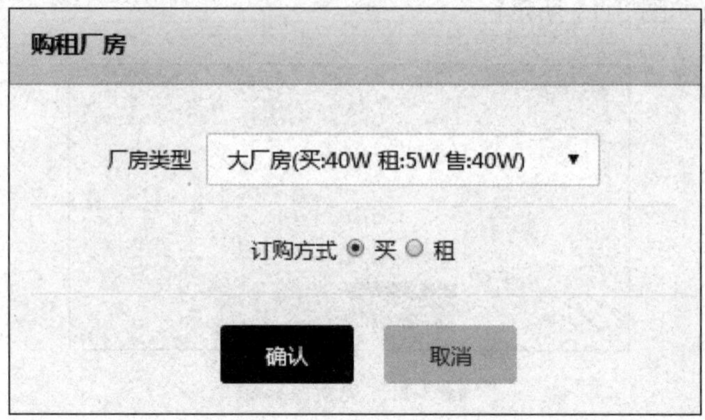

图 3-13 购租厂房

➢ 厂房可买可租。

➢ 最多可使用 4 个厂房。

➢ 4 个厂房可以任意组合，如租 3 买 1 或租 1 买 1。

➢ 某类厂房使用数不可超过上限，如大厂房最多可以使用 2 个。

➢ 生产线不可在不同厂房移位。

12. 新建生产线(如图 3-14 所示)

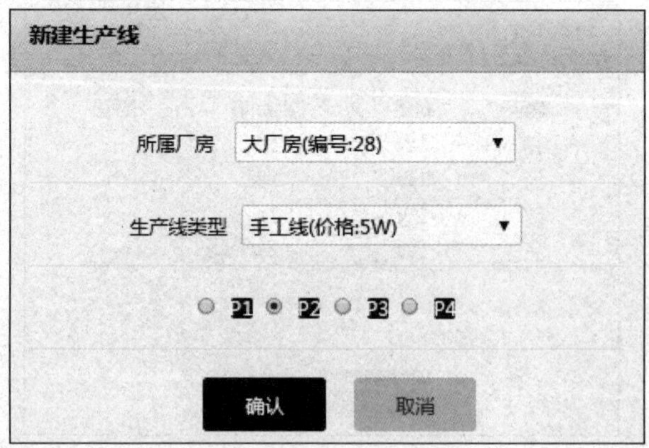

图 3-14 新建生产线

➢ 需选择厂房、生产线类型、生产产品类型。

➢ 一季可操作多次，直至生产线位铺满。

特别提示

- 新建生产线时便已经决定生产何种产品了，此时并不要求企业一定要有该产品生产资格。
- 安装周期为 0，表示即买即用。
- 计算投资总额时，若安装周期为 0，则按 1 算。

13. 在建生产线(如图 3-15 所示)

在建生产线

在建生产线 注意：本操作每季度仅允许操作一次。

反选	编号	厂房	类型	产品	累计投资	开建时间	剩余时间
□	94	大厂房	自动线	P1	5W	第1年1季	2季
□	95	大厂房	自动线	P2	5W	第1年1季	2季
□	96	大厂房	自动线	P2	5W	第1年1季	2季

图 3-15　在建生产线

- 系统自动列出投资未完成的生产线。
- 复选需要继续投资的生产线。
- 可以不选——表示本季中断投资。
- 一季只可操作一次。

特别提示

- 一条生产线待最后一期投资到位后，必须到下一季度才算安装完成，允许投入使用。
- 各队之间不允许相互购买生产线，只允许向设备供应商(管理员)购买。

14. 生产线转产、继续转产(如图 3-16 所示)

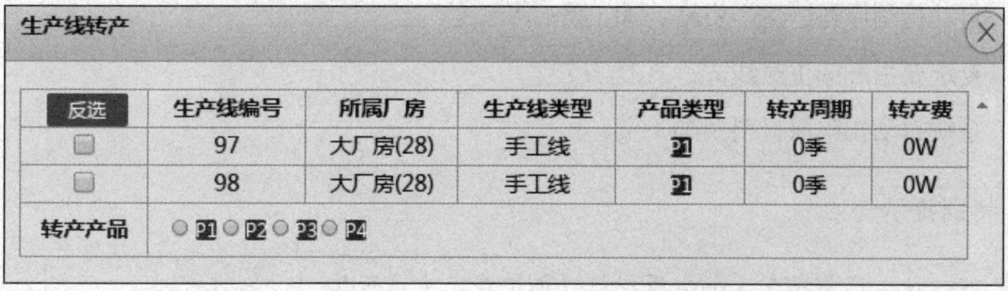

生产线转产

反选	生产线编号	所属厂房	生产线类型	产品类型	转产周期	转产费
□	97	大厂房(28)	手工线	P1	0季	0W
□	98	大厂房(28)	手工线	P1	0季	0W
转产产品	○P1 ○P2 ○P3 ○P4					

图 3-16　生产线转产

➢ 复选需要转产的生产线。

➢ 选择转产指向的产品，然后确认。

➢ 转产周期为 0，也需要操作，但不会停产。

➢ 若是转产周期为 2 期(含)以上，则需要继续转产，操作与在建生产线类似。

15. 出售生产线(如图 3-17 所示)

出售生产线

反选	生产线编号	类型	开建时间	所属厂房	产品	净值	建成时间
☐	97	手工线	第1年2季	大厂房(28)	P1	5W	第1年2季
☐	98	手工线	第1年2季	大厂房(28)	P1	5W	第1年2季

图 3-17　出售生产线

➢ 复选要出售的生产线(建成后没有在制品的空置生产线，转产中生产线不可出售)。

➢ 出售后，从净值中按残值收回现金，净值高于残值的部分记入当年费用的损失项。

16. 开始生产(如图 3-18 所示)

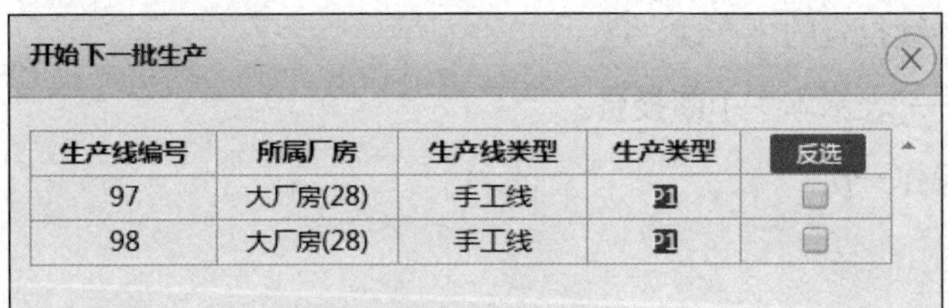
开始下一批生产

生产线编号	所属厂房	生产线类型	生产类型	反选
97	大厂房(28)	手工线	P1	☐
98	大厂房(28)	手工线	P1	☐

图 3-18　开始生产

➢ 更新生产/完工入库后，某些生产线的在制品已经完工，同时某些生产线已经建成，可开始生产新产品。

➢ 自动检测原料、生产资格、加工费。

➢ 复选要生产的生产线。

➢ 系统自动扣除原材料及加工费。

特别提示

➢ 下一批生产前提有 3 个：原材料、加工费、生产资格。

➢ 任何一条生产线在产品只能有一个。

17. 应收款更新(如图 3-19 所示)

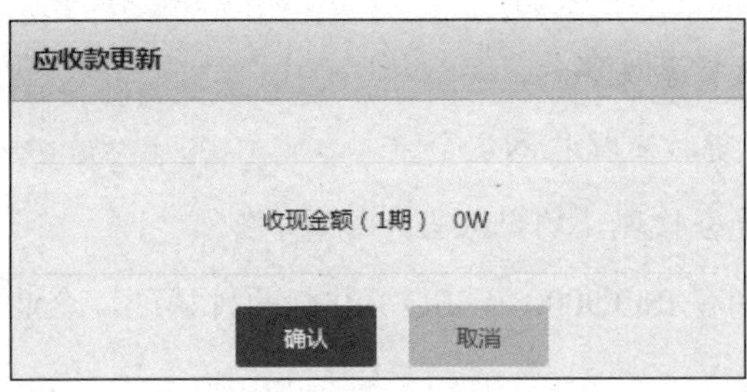

图 3-19　应收款更新

➢ 确认自动完成更新。

➢ 此步操作后，前面的各项操作权限关闭(不能返回以前的操作任务)，并开启以后的操作任务——即按订单交货、产品研发、厂房处理等。

18. 订单交货(如图 3-20 所示)

订单交货

订单编号	市场	产品	数量	总价	得单年份	交货期	账期	ISO	操作
24-0017	本地	P1	4	19W	第2年	4季	1季	-	确认交货
24-0049	区域	P1	3	15W	第2年	4季	3季	-	确认交货
24-0076	区域	P2	3	20W	第2年	4季	2季	-	确认交货
24-0085	区域	P3	2	15W	第2年	4季	2季	-	确认交货
24-0032	本地	P2	3	18W	第2年	4季	3季	-	确认交货

图 3-20　订单交货

➢ 系统自动列出当年未交且未过交货期的订单。

➢ 自动检测成品库存是否足够，交货期是否过期。

➢ 按“确认交货”按钮，系统自动增加应收款或现金。

订单有如下 5 个要素。

(1) 数量——要求各企业一次性按照规定数量交货，不得多交，不得少交，也不得拆分交货。

(2) 总价——交货后企业将获得一定的应收款或现金，记入利润表的销售收入项。

(3) 交货期——必须当年交货，不得拖到第二年，可以提前交货，不可推后，如规定 3 季交货，可以第 1、2、3 任意季交货，不可第 4 季交货，逾期则收回订单。

(4) 账期——在实际交货后过若干季度收到现金。如账期为 2Q，实际在第 3 季度完成交货，则将在下一年第 1 季度更新应收款时收到现金。

特别提示

- 收现时间从实际交货季度算起。
- 若账期为 0，则交货时直接收到现金。
- 不论当年应收款是否收现，均记入当年销售收入。

(5) ISO 要求——分别有 ISO 9000 及 ISO 14000 两种认证，企业必须具备相应认证方可获得有认证要求的订单。

19. 产品研发(如图 3-21 所示)

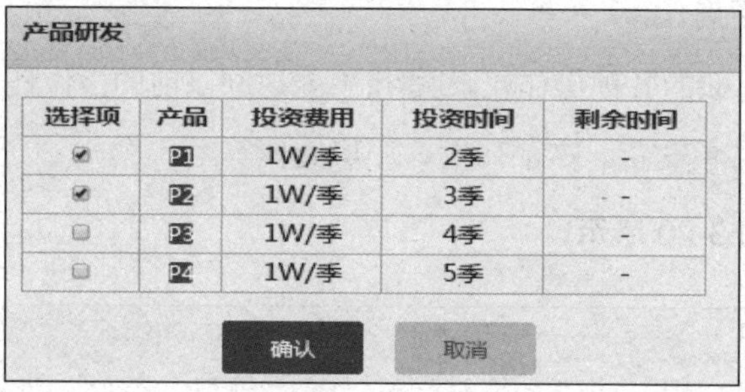

产品研发

选择项	产品	投资费用	投资时间	剩余时间
☑	P1	1W/季	2季	-
☑	P2	1W/季	3季	-
☐	P3	1W/季	4季	-
☐	P4	1W/季	5季	-

确认 取消

图 3-21　产品研发

- 复选要开发的所有产品。
- 一季只允许操作一次。
- 当季(年)结束系统检测开发是否完成。

20. 厂房处理(如图 3-22 所示)

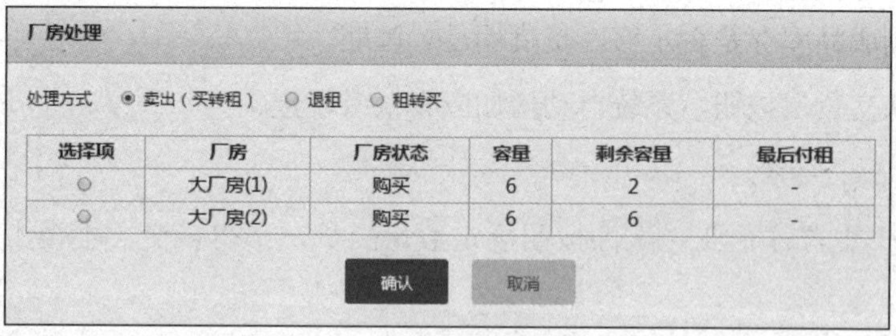

厂房处理

处理方式 ◉ 卖出（买转租） ○ 退租 ○ 租转买

选择项	厂房	厂房状态	容量	剩余容量	最后付租
○	大厂房(1)	购买	6	2	-
○	大厂房(2)	购买	6	6	-

确认 取消

图 3-22　厂房处理

- 本操作适用于已经在用的厂房，若要新置厂房，请操作“购租厂房”。
- 如果拥有厂房但无生产线，可卖出，增加 4Q 应收款，并删除厂房。
- 如果拥有厂房且有生产线，卖出后增加 4Q 应收款，自动转为租，并扣当年租金，记下租入时间。

- 租入厂房可以转为购买(租转买)，并立即扣除现金；如果无生产线，可退租并删除厂房。
- 租入厂房离上次付租金满一年(如上年第 2 季到本年第 2 季视为满一年)，如果不执行本操作，视为续租，并在当季结束时自动扣下一年租金。

21. 市场开拓(如图 3-23 所示)

市场开拓

选择项	市场	投资费用	投资时间	剩余时间
▢	本地	1W/年	1年	-
▢	区域	1W/年	1年	-
▢	国内	1W/年	2年	-
▢	亚洲	1W/年	3年	-
▢	国际	1W/年	4年	-

确认 取消

图 3-23 市场开拓

- 复选所要开发的市场，然后确认。
- 只有第 4 季可操作一次，可中断投资。
- 当年结束系统自动检测市场开拓是否完成。

特别提示

第 1 年第 4 季不操作市场开拓，则第 2 年初会因无市场资格而无法投放广告选单。

22. ISO 投资(如图 3-24 所示)

ISO投资

选择项	名称	投资费用	投资时间	剩余时间
▢	ISO9000	1W/年	2年	-
▢	ISO14000	2W/年	2年	-

确认 取消

图 3-24 ISO 投资

- 复选所要投资的资格，然后确认。
- 只有第 4 季可操作一次，可中断投资。
- 当年结束系统自动检测 ISO 资格是否完成。

23. 当年结束并填写报表(如图 3-25 所示)

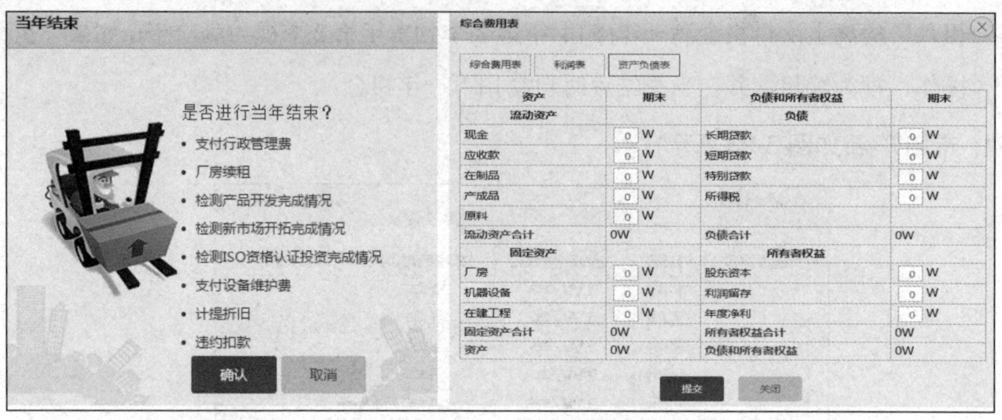

图 3-25　当年结束并填写报表

第 4 季经营结束，需要当年结束，确认一年经营完成。系统会自动完成以下任务。

- 支付第 4 季管理费。
- 如果有租期满一年的厂房，续付租金。
- 检测产品开发完成情况。
- 检测市场开拓及 ISO 开拓完成情况。
- 支付设备维护费。
- 计提折旧。
- 违约扣款。
- 系统会自动生成综合费用表、利润表和资产负债表三大报表。
- 需要在客户端填写三大报表，系统自动检测正确与否，不正确会提示，可以不填写报表，不影响后续经营。

以下为特殊运行任务，指不受正常流程运行顺序的限制，当需要时就可以操作的任务。

24. 厂房贴现(如图 3-26 所示)

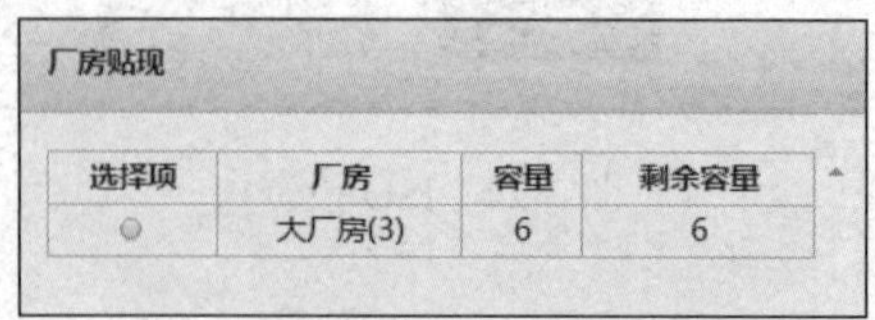

图 3-26　厂房贴现

- 任意时间可操作。
- 如果无生产线，厂房原值售出后，售价按 4 季应收款全部贴现。

➢ 如果有生产线，除按售价贴现外，还要再扣除租金。

➢ 系统自动全部贴现，不允许部分贴现。

25. 紧急采购(如图 3-27 所示)

紧急采购

原料	现有库存	价格	订购量
R1	0	2W	0
R2	0	2W	0
R3	0	2W	0
R4	0	2W	0

确认采购

产品	现有库存	价格	订购量
P1	0	6W	0
P2	0	9W	0
P3	0	12W	0
P4	0	15W	0

确认采购

图 3-27　紧急采购

➢ 可在任意时间操作(竞单时不允许操作)。

➢ 单选需购买的原料或产品，填写购买数量后确认采购。

➢ 原料及产品的价格列示在右侧栏中——默认原料是直接成本的 2 倍(为参数，可修改)，成品是直接成本的 3 倍(为参数，可修改)。

➢ 当场扣款到货。

➢ 购买的原料和产品均按照直接成本计算，高于直接成本的部分，记入综合费用表损失项。

26. 出售库存(如图 3-28 所示)

出售库存

原料	库存数量	销售价格	出售数量
R1	0	0.8 W/个	0
R2	0	0.8 W/个	0
R3	0	0.8 W/个	0
R4	0	0.8 W/个	0

出售原料

产品	库存数量	销售价格	出售数量
P1	0	2 W/个	0
P2	0	3 W/个	0
P3	0	4 W/个	0
P4	0	5 W/个	0

出售产品

图 3-28　出售库存

- 可在任意时间操作。
- 填入售出原料或产品的数量，然后确认。
- 原料、成品按照系统设置的折扣率回收现金——默认原料八折，成品按成本价。
- 售出后的损失部分记入费用的损失项。
- 所得现金四舍五入(原有出售的原料或成品相加再乘以折扣)。

27. 贴现(如图 3-29 所示)

贴现

剩余账期	应收款	贴现额
1季	0W	0 W
2季	0W	0 W
3季	0W	0 W
4季	280W	0 W

确认　取消

图 3-29　贴现

- 1、2 季与 3、4 季分开贴现。
- 1、2 季(3、4 季)应收款加总贴现。
- 可在任意时间操作且次数不限。
- 填入贴现额应小于等于应收款。
- 贴现额乘以对应贴现率，求得贴现费用(向上取整)，贴现费用记入财务费用，其他部分增加现金。

28. 商业情报(如图 3-30 所示)

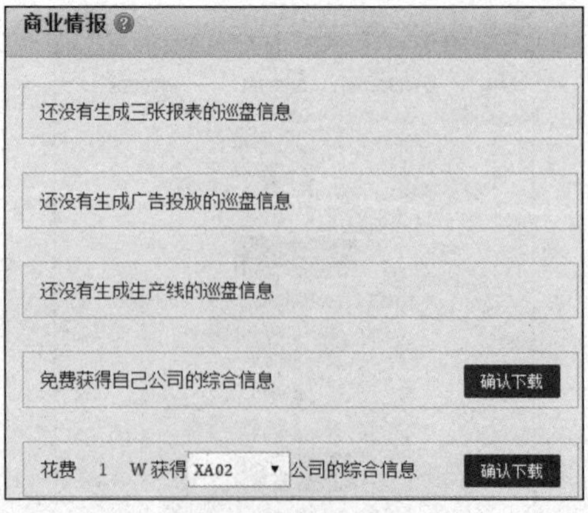

商业情报

还没有生成三张报表的巡盘信息

还没有生成广告投放的巡盘信息

还没有生成生产线的巡盘信息

免费获得自己公司的综合信息　确认下载

花费 1 W 获得 XA02 公司的综合信息　确认下载

图 3-30　商业情报

➢ 任意时间可操作(竞单时不允许操作)；可查看任意一家企业信息，花费 1W(可变参数)可查看一家企业情况，包括资质、厂房、生产线、订单等(不包括报表)。

➢ 以 Excel 表格形式提供。

➢ 可以免费获得自己的相关信息。

➢ 裁判端发布的公共信息——报表、广告及生产线信息在此下载。

29. 订单信息(如图 3-31 所示)

➢ 任意时间可操作。

➢ 可查看所有订单信息及状态(可以按年筛选)。

30. 查看市场预测(如图 3-32 所示)

➢ 任意时间可查看。

➢ 只包括选单。

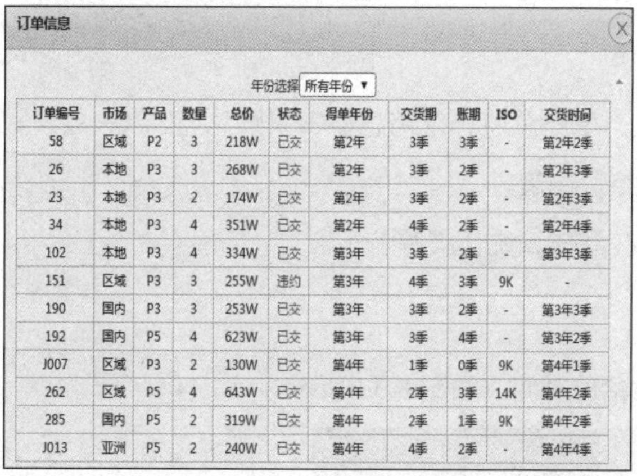

订单信息

年份选择 所有年份

订单编号	市场	产品	数量	总价	状态	得单年份	交货期	账期	ISO	交货时间
58	区域	P2	3	218W	已交	第2年	3季	3季	-	第2年2季
26	本地	P3	3	268W	已交	第2年	3季	2季	-	第2年3季
23	本地	P3	2	174W	已交	第2年	3季	2季	-	第2年3季
34	本地	P3	4	351W	已交	第2年	4季	2季	-	第2年4季
102	本地	P3	4	334W	已交	第3年	3季	2季	-	第3年3季
151	区域	P3	3	255W	违约	第3年	4季	3季	9K	-
190	国内	P3	3	253W	已交	第3年	3季	2季	-	第3年3季
192	国内	P5	4	623W	已交	第3年	3季	4季	-	第3年2季
J007	区域	P3	2	130W	已交	第4年	1季	0季	9K	第4年1季
262	区域	P5	4	643W	已交	第4年	2季	3季	14K	第4年2季
285	国内	P5	2	319W	已交	第4年	2季	1季	9K	第4年2季
J013	亚洲	P5	2	240W	已交	第4年	4季	2季	-	第4年4季

图 3-31　订单信息

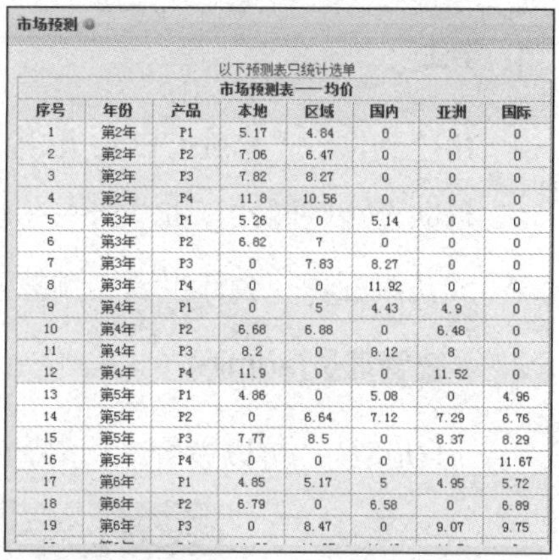

市场预测

以下预测表只统计选单

市场预测表——均价

序号	年份	产品	本地	区域	国内	亚洲	国际
1	第2年	P1	5.17	4.84	0	0	0
2	第2年	P2	7.06	6.47	0	0	0
3	第2年	P3	7.82	8.27	0	0	0
4	第2年	P4	11.8	10.56	0	0	0
5	第3年	P1	5.26	0	5.14	0	0
6	第3年	P2	6.82	7	0	0	0
7	第3年	P3	0	7.83	8.27	0	0
8	第3年	P4	0	0	11.92	0	0
9	第4年	P1	0	5	4.43	4.9	0
10	第4年	P2	6.68	6.88	0	6.48	0
11	第4年	P3	8.2	0	8.12	8	0
12	第4年	P4	11.9	0	0	11.52	0
13	第5年	P1	4.86	0	5.08	0	4.96
14	第5年	P2	0	6.64	7.12	7.29	6.76
15	第5年	P3	7.77	8.5	0	8.37	8.29
16	第5年	P4	0	0	0	0	11.67
17	第6年	P1	4.85	5.17	5	4.95	5.72
18	第6年	P2	6.79	0	6.58	0	6.89
19	第6年	P3	0	8.47	0	9.07	9.75

图 3-32　市场预测

31. 破产检测

➢ 广告投放完毕、当季开始、当季(年)结束、更新原料库等处，系统自动检测已有库存现金加上三项融资(最大贴现+出售所有库存+所有厂房贴现)，是否足够本次支出，如果不够，则破产退出系统；如需继续经营，联系裁判(教师)。

➢ 当年结束，若权益为负，则破产退出系统，如需继续经营，联系管理员(教师)处理。

32. 小数取整处理规则

➢ 违约金扣除(每张违约单单独计算)——四舍五入。

➢ 库存拍卖所得现金——四舍五入。

➢ 贴现费用——向上取整。

➢ 扣税——四舍五入。

33. 操作小贴士

➢ 需要付现操作系统均会自动检测，如不够，则无法进行下去。

➢ 请注意更新原料库及应收款更新两个操作，是其他操作的开关。

➢ 多个操作权限同时打开，则对操作顺序并无严格要求，但建议按顺序操作。

➢ 市场开拓与 ISO 投资仅第 4 季可操作。

➢ 操作中发生显示不当，立即执行刷新命令(F5)或退出重新登录。

3.3 教学管理

1. 学生

➢ 角色到位——总裁 CEO、财务总监、生产总监、营销总监、采购总监。

➢ 每队至少联网计算机一台——输入经营决策。

➢ 经营流程表、会计报表、预算表、产品核算统计表等若干。

2. 系统管理员(admin)

(1) 启动系统。可以设置端口号，自动备份时间，如图 3-33 所示。

图 3-33 启动系统

(2) 创建账套。打开浏览器，输入“http://服务器地址/manage”(若使用非 80 端口，则输入“http://服务器地址/manage：端口”)，输入默认系统管理员账号及密码(账号“admin”，初始密码为“1”，使用时务必修改密码)，如图 3-34 所示。系统管理员(admin)是系统自带的一个不可更改的管理员，拥有管理的最高权限，其功能有：账套列表、导入导出、一键备份、网赛发布。进入账套列表，可以创建账套，或者用导入导出功能批创建。

账套列表

用户名　登录前缀 A A　名称　人机对抗　密码　添加用户

ID	用户名	登录前缀	名称	角色	人机	密码	最后操作时间	操作
0	Admin	-	-	管理员	-		-	修改
1	lm	AA	lm	裁判	-	hllm235		修改 删除
2	lzj	AB	lzj	裁判	-	lzj	2016-1-23 9:27:21	修改 删除
3	sy	AC	ly	裁判	-	sy		修改 删除
4	lcy1	AD	lcy	裁判	-	why520		修改 删除
5	lcy2	AE	lcy	裁判	-	lcy2		修改 删除
6	swl	AF	af	裁判	-	swl		修改 删除
7	cc	AG	cc	裁判	-	767		修改 删除
8	xhh	AH	ah	裁判	-	xhhzs	2016-1-23 10:10:24	修改 删除
9	trouble	AJ	宁波机械	裁判	-	20160121	2016-1-23 10:10:22	修改 删除

图 3-34　创建账套

特别提示

- 账套——分为人人竞赛账套和人机对抗账套两种。
- 人人竞赛账套——一个教学竞赛班，可支持 2～99 队运营，裁判端显示为竞赛模式。
- 人机对抗账套——一个人机账套支持一人队和多个机器人队对抗，为练习和挑战两种子模式。

3. 裁判(教师)登录

(1) 运用 admin 创建的账套号及密码登录，如图 3-35 所示。

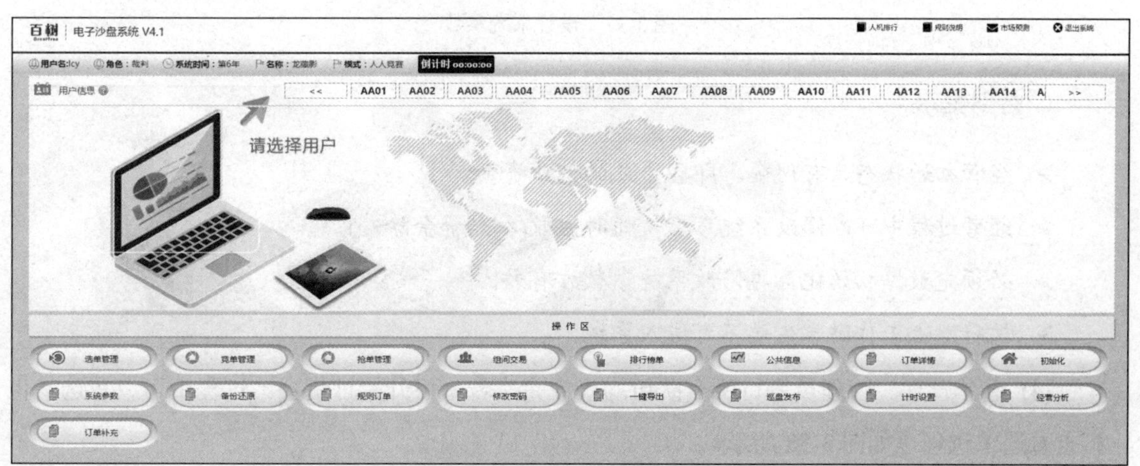

图 3-35　裁判(教师)端

(2) 初始化。可以选择“新创业者”和“商战”两个参数版本，自由选择订单和规则方案，如图 3-36 所示。

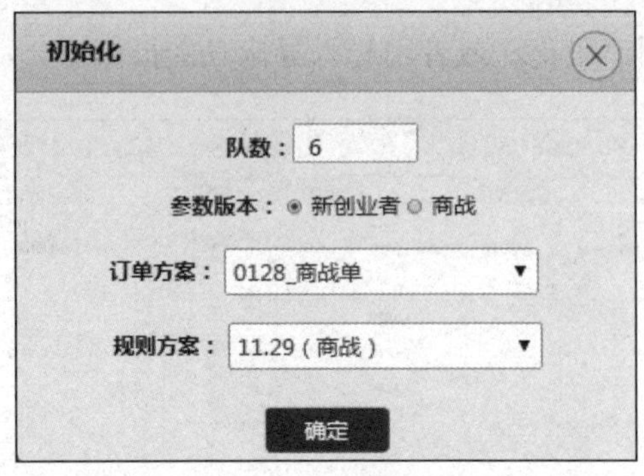

图 3-36　初始化

(3) 设置系统参数。可以根据训练需要，修改经营参数，也可以接受默认值，如图 3-37 所示。

系统参数

参数	值	单位	参数	值	单位
违约金比例	20.00	%	贷款额倍数	3	倍
产品折价率	100.00	%	原料折价率	80.00	%
长贷利率	10.00	%	短贷利率	5.00	%
1，2期贴现率	10.00	%	3，4期贴现率	12.50	%
初始现金	60	W	管理费	1	W
信息费	1	W	所得税率	25.00	%
最大长贷年限	5	年	最小得单广告额	1	W
原料紧急采购倍数	2	倍	产品紧急采购倍数	3	倍
选单时间	50	秒	首位选单补时	25	秒
市场同开数量	2	个	市场老大	◉ 无 ○ 有	
竞单时间	0	秒	竞单同竞数	3	个
最大厂房数量	4 ▼	个	管理费设置	◉ 与厂房数无关 ○ 与厂房数有关	
用户端还原本年	◉ 关 ○ 开		用户端还原本季	◉ 关 ○ 开	

确认　取消

图 3-37　设置系统参数

特别提示

- 经营初始状态只有现金，即各企业的创业资金。
- 经营过程中可以修改系统参数，随时生效(初始资金除外)。
- 必须先数据初始化，再修改系统参数方有效。
- 执行以上工作时学生端不可进入系统。

(4) 选单管理。管理员等待所有队伍均投放完广告，可开始订货会。过程中可以重选，也可查看选单进程，如图 3-38 所示。

选单管理

第4年广告投放情况		
用户名	用户时间	投完广告时间
K01	第4年1季	
K03	第4年1季	
K05	第4年1季	
K06	第4年1季	
K07	第4年1季	
K08	第4年1季	
K09	第4年1季	
K10	第4年1季	
K11	第4年1季	
K12	第4年1季	
K13	第4年1季	
K14	第4年1季	2015-12-02 13:12:10
K15	第4年1季	
K16	第4年1季	

选单管理

第6年订货会管理			
合计回合数	18	剩余回合数	16
本年合计订单数	234	本年剩余订单数	234

重新选单　计时开始/暂停

本地			
产品	P1	当前回合	1
总回合数	4	剩余回合数	3
当前选单用户	Z12	剩余选单时间	65 秒
区域			
产品	P1	当前回合	1
总回合数	3	剩余回合数	2
当前选单用户	Z10	剩余选单时间	65 秒
国内			
总回合数	3	当前状态	未开始
亚洲			
总回合数	3	当前状态	未开始
国际			

图 3-38　选单管理

特别提示

- ➢ 若有队伍未投放广告，则无法开单。管理员想强行开始订货会，需将未投放广告队伍取消参赛资格，将其状态由“正在经营”改成“破产”即可。
- ➢ 可以重选订单，也可以暂停倒计时。

(5) 竞单管理。某些年份选单结束后有竞单，如图 3-39 所示。

竞单管理

第6年竞单会			
当前回合剩余时间	65 秒	剩余订单数/总订单数	13/16

重新竞单　计时开始/暂停

竞单会情况

ID	订单编号	市场	产品	数量	ISO	状态	得单用户
1	841	本地	P1	3	-	正在竞单	
2	842	本地	P1	6	14K	正在竞单	
3	843	区域	P3	4	-	正在竞单	
4	844	区域	P3	2	9K 14K	等待	
5	845	国内	P2	4	14K	等待	
6	846	国内	P4	3	-	等待	
7	847	国内	P5	3	14K	等待	
8	848	亚洲	P1	3	-	等待	
9	850	亚洲	P1	5	-	等待	
10	851	亚洲	P2	3	-	等待	

图 3-39　竞单管理

特别提示

➢ 可以重新竞单，也可以暂停倒计时。

(6) 组间交易。各队之间协商一致后，可以到裁判处进行组间交易，如图 3-40 所示。

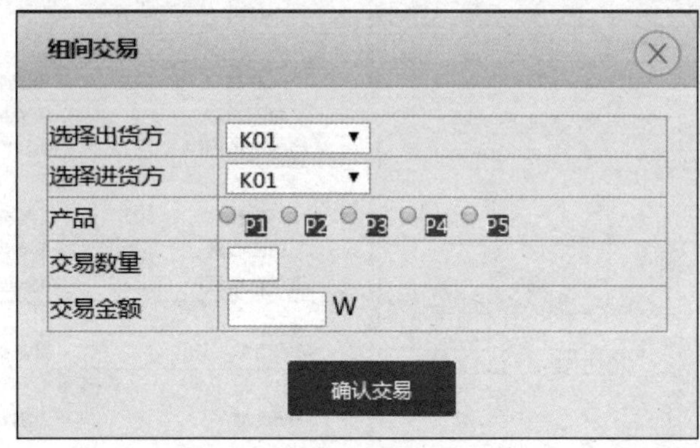

图 3-40　组间交易

特别提示

➢ 出货方(卖方)账务处理视同销售，入货方视同紧急采购。

➢ 只允许现金交易，并且只能交易产成品。

➢ 管理员需要判断双方系统时间是否符合逻辑，是否存在合谋。

➢ 交易双方必须在同一年份。

(7) 各企业年内经营。可参照前述规则与流程完成 4 个季度经营。

(8) 还原处理。各队在经营过程中会出现误操作或者其他原因需要取消当前操作，管理员可以根据实际情况将用户数据还原，单击该用户还原本年，可将用户数据还原至最近一次订货会(或竞单会)结束时状态。

特别提示

➢ 本年订货会(竞单会)结束至下一年订货会开始之间任一时刻可以还原某队数据至本年订货会(竞单会)结束。

➢ 第一年还原则需要重新登录注册。

➢ 选单(竞单)时千万不要进行还原操作，否则可能出错。

➢ 管理员可对还原队伍进行一定惩罚(如扣现金)。

(9) 备份还原。分手工备份还原和自动备份还原两种，如图 3-41 所示。

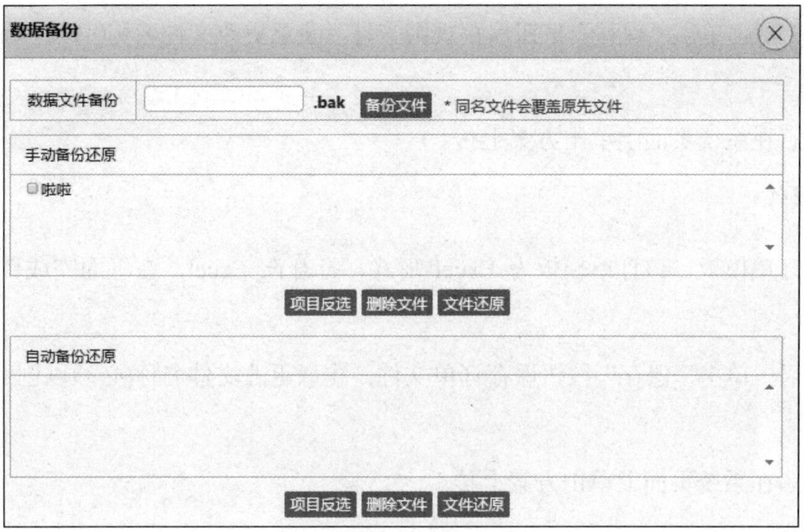

数据备份
数据文件备份
.bak
备份文件
* 同名文件会覆盖原先文件
手动备份还原
啦啦
项目反选
删除文件
文件还原
自动备份还原
项目反选
删除文件
文件还原

图 3-41　备份还原

另外，为方便管理，还有排行榜单、公共信息、订单信息、规则订单、修改密码、一键导出、巡盘发布、计时设置、当年(季)还原、经营分析等多项功能，在此不一一赘述，请参考详细使用说明(www.135e.com)。

3.4　规则订单制作[1]

用裁判账号进入系统，单击“规则订单”按钮，弹出“规则订单”对话框，如图 3-42 所示。

规则订单
规则
模板下载
方案上传
订单
模板下载
方案上传
取消

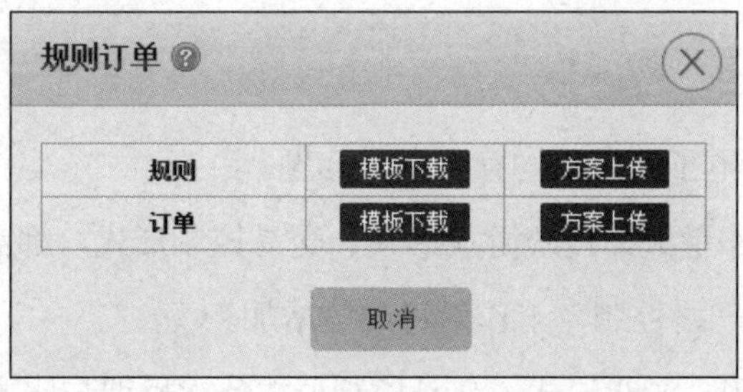

图 3-42　“规则订单”对话框

1. 规则操作

(1) 下载规则模板，该规则模板为 Excel 形式，打开该 Excel，在里面修改规则。

1　通过论坛 bbs.135e.com，可以获得更多规则订单以及更详细的说明解释。

(2) 修改完成，单击“保存”按钮保存规则文件，注意更改文件名称(必须以创业者或者商战开头)。

(3) 保存后在系统页面上单击方案上传。

2. 订单操作

(1) 下载订单模板，该订单模板为 Excel 形式，打开该 Excel，在里面完成订单制定(包括选单和竞单)。

(2) 完成后，单击“保存”按钮保存订单文件，注意更改文件名称(必须以创业者或者商战开头)。

(3) 保存后在系统页面上单击方案上传。

特别提示

- Excel 模板中，销售市场：1 表示本地；2 表示区域；3 表示国内；4 表示亚洲；5 表示国际。
- ISO 要求：0 表示无；1 表示 ISO 9000；2 表示 ISO 14000；3 表示两个都要。
- 第一年用 1 代替，第二年用 2，依次类推，不限最大年份。
- 不能有中文或者符号存在，否则会上传失败(标题项除外)。
- 模板中编号为关键字，不可重复，且选单关键字也不能和竞单的重复。

3.5 人机对抗[1]

无论是实物沙盘还是电子沙盘，均存在以下问题。

(1) 组织难度大，工作量大。传统游戏形式、交易控制形式，都需要摆实物沙盘，需要集中授课，如果对交易进行严格控制，工作量将成倍增加。

(2) 训练学生人数有限。游戏形式、交易控制形式单次授课与比赛，人数不宜超过 50，否则将很难管理，效果大打折扣。这也是具有多年 ERP 沙盘教学经验教师的共同感受。电子沙盘大大提高了单次授课人数，正如前所述，初次学习使用电子沙盘，由于其规则执行的严格性，学生可能茫然无措，效果欠佳，而且限于教室机房容量，人数也不宜过多。

(3) 学生无法进行课后训练。ERP 沙盘模拟选单、竞单需要各企业集中进行，是沙盘模拟

1 可以在“www.135e.com”自行下载并使用人机对抗，具体见附录。

的精髓和亮点，充分体现了对抗性、交互性，但也恰恰因此限制了学生进行自我训练和自我学习。如果是游戏形式、交易控制形式，学生需要集中在教室，然而很多院校无法做到随时使用实训室，学生召集也很困难；如果是电子沙盘形式，虽然可以自主经营，但最多只有一年，之后必须集中选单、竞单。

(4) 以上 3 种形式均不支持学生进行自我反复训练。ERP 沙盘模拟是一种体验式学习方式，干中学，学中干，如果不能进行自我反复训练，其意义必将大打折扣。现有方式即使可以反复训练，也非常有限，必须有教师的配合，势必增加教师的工作量。

(5) 最为致命的是，以上 3 种形势无法大规模开展教学竞赛。有些院校校内赛报名人数超过 400，甚至有达到 800 的，传统方式下开展比赛，组织工作量将无法承受，即使勉为其难举办，赛期势必拖延。

(6) 规则和知识传授依赖于教师讲授。即使运用 MOOC(慕课)视频等方式，和实际操作还是有脱节，学生无法在短期内接受大量规则讲解，真正做到某步，还是需要去查询翻阅。如果人数众多，更是无法进行。

人机对抗模式是我公司最新研发的一种基于决策云平台、大数据支持的新型人工智能模式，与传统教学模式和教学工具完全兼容，既可以配合使用，也可以独立使用。由教师(裁判)给每一个学员分配账套，学员运用所分配的账套进行自我训练，具有以下特点。

(1) 学员兼具裁判和企业用户两种角色，且和电子沙盘两种角色操作界面、流程完全相同，一旦完成人机对抗训练，可以无缝过渡到人人竞赛模式。

(2) 人机对抗分为练习和挑战两种子模式。

(3) 有多种对抗方案可以选择，如入门、中级、高级，还提供模拟主流赛事对抗方案，便于学员自我训练学习。如可以模拟某场比赛的规则订单以及竞争对手数量(机器人队数、规则、订单均可以自由设定选择)。

(4) 提供决策云支持，机器队具有自我学习能力、自我修正经营决策。每场训练学员即使面对同一套对抗方案，其经营环境也不同。

(5) 突破时空限制，学生只要能上网，可以利用业余时间进行自我训练，而且选单、竞单也无须集中进行。

(6) 可以进行反复训练。

(7) 在线获得对抗方案、同时提供论坛支持，交流对抗策略。

(8) 一套系统中，人人竞赛与人机对抗可以同时运行。

(9) 支持人机对抗账套 Excel 批导入。

下面详细介绍人机对抗操作。

1. 创建人机对抗账套

系统管理员(admin)，进入账套列表，创建人机账套，或者用导入导出功能批创建，如图 3-43 所示。

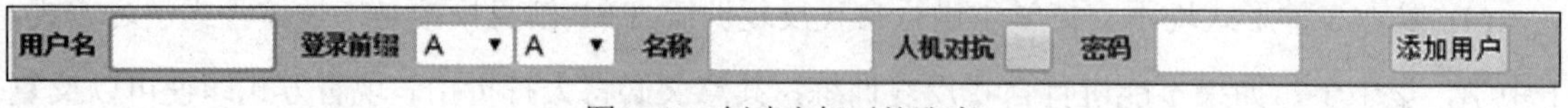

图 3-43　创建人机对抗账套

2. 登录裁判端

登录裁判端(用户名+密码)，界面与人人竞赛一样。

3. 初始化

选择类型、类别及模式，并且选择对应的方案。类型分为创业者和商战两种方式，商战一般 600W 初始资金起步，创业者 60W 起步，最小得单的广告额、管理费有所不同，但流程完全相同。类别有练习、校赛、省赛等。如图 3-44 所示。

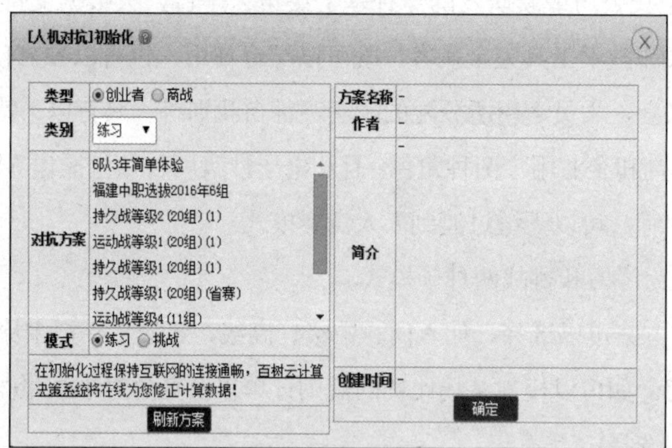

图 3-44　人机对抗初始化

特别提示

- 订单、规则、队伍数、参数、经营年限等所有因素加在一起构成方案。
- 人机对抗分为练习和挑战两种子模式，练习模式可以进行备份数据、修改参数、还原(当年+当季)、注资等操作，学员可以反复练习，边练习边学习知识库，但成绩不可以提交；挑战子模式不可以进行备份数据、修改参数、还原、注资等操作，学员完成一轮经营(一般六年)，成绩可以提交。

裁判端用户信息只显示一队，即人队，如图 3-45 所示。

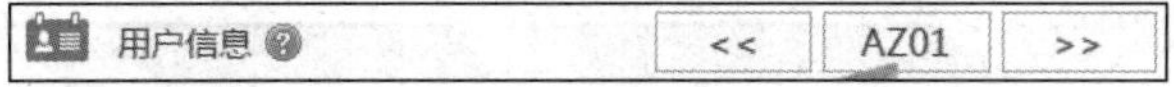

图 3-45　人队

机器队可以在裁判端排行榜单查询，如图 3-46 所示。

[人机对抗]排行榜单

用户名	用户时间	公司名称	学校名称	得分
AZ01	第1年1季	-	-	0
AZ02	第2年1季	百树科技	人工智能	108
AZ03	第2年1季	百树科技	人工智能	95
AZ04	第2年1季	百树科技	人工智能	90
AZ05	第2年1季	百树科技	人工智能	105
AZ06	第2年1季	百树科技	人工智能	82

图 3-46　人队与机器队

特别提示

人机对抗是一人队与多个机器人队竞争。

4. 用户登录

如图 3-45 所示的人队，登录名为“AZ01”，初始密码为“1”。前台界面和人人竞赛是完全一样的。完成以上步骤，前台经营，后台开单，整个流程和人人竞赛完全相同。

特别提示

前台后台一般在同一台计算机操作，请注意使用浏览器的小号功能(谷歌浏览器快捷键是 Ctrl+N，搜狗浏览器快捷键是 Ctrl+Shift+A)，以免串号。

5. 成绩提交

人机对抗挑战模式下，完成规定经营的年份，可以通过排行榜单提交成绩，针对同一方案同一用户只接受最高成绩。

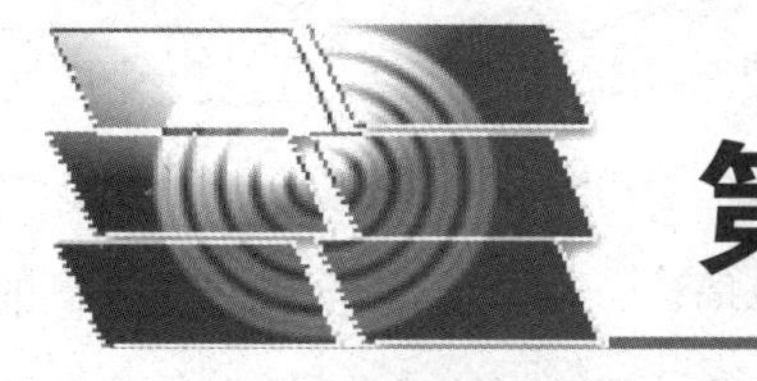

第4章 解密企业经营

几年的经营也许你懵懵懂懂，跌跌撞撞；也许你已经破产，却不知道原因，虽然能讲出一点道理，但零星散乱；也许你盈利了，但可能很大程度上归于运气。和很多管理者一样，你也不自觉地运用了“哥伦布式管理”。

➢ 走的时候，不知道去哪儿。

➢ 到的时候，不知道在哪儿。

➢ 回来的时候，不知道去过哪儿了。

下面就让我们抽丝剥茧，解析企业经营的奥秘吧！

4.1 企业经营本质

图 4-1 所示为企业经营本质的示意图。

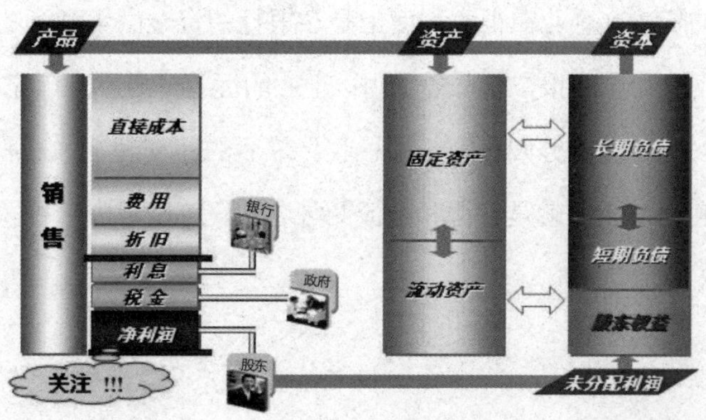

图 4-1 企业经营的本质

企业是利用一定的经济资源，通过向社会提供产品和服务而获取利润的组织，其目的是股东权益最大化。

作为经营者，要牢牢记住这句话，它是一切行动的指南。

企业资本的构成有两个来源。负债：一个是长期负债，一般是指企业从银行获得的长期贷款；另一个是短期负债，一般是指企业从银行获得的短期贷款。权益：一部分是指企业创建之初时，所有股东的投资，即股东资本，这个数字是不会变的；还有一部分是未分配利润。

在企业筹集了资本之后，进行采购厂房和设备，引进生产线、购买原材料、生产加工产品等活动，余下的资本(资金)，就是企业的流动资金了。

可以这么说，企业的资产就是资本转化过来的，而且是等值地转化。所以资产负债表中，左边与右边一定是相等的。

通俗地讲，资产就是企业的“钱”都花哪儿了，资本就是这“钱”是属于谁的，两者从价值上讲必然是相等的——资产负债表一定是平衡的。

企业在经营中产生的利润当然归股东所有，如果股东不分配，参加企业下一年的经营，就形成未分配利润，自然这可以看成是股东的投资，成为权益的重要组成部分。

企业经营的目的是股东权益最大化，权益的来源只有一个，即净利润。净利润来自何处呢？只有一个——销售，但销售不全都是利润。在实现销售之前，必须要采购原材料、支付工人工资，还有其他生产加工时必需的费用，才能最终生产出产品，收入中当然要抵扣掉这些直接成本；还要抵扣掉企业为形成这些销售支付的各种费用，包括产品研发费用、广告投入费用、市场开拓费用、设备维修费用、管理费等；机器设备在生产运行后会贬值，就好比 10 万元的一辆汽车，驾驶 3 年之后价值在 5 万元左右，资产缩水了，这部分损失应当从销售额中得到补偿，这就是折旧。经过 3 个方面的抵扣之后，剩下的部分形成支付利息前利润，归三方所有。资本中有一部分来自银行的贷款，企业在很大程度上是靠银行的资金产生利润的，而银行之所以贷款给企业，当然需要收取利息回报，即财务费用；企业的运营，离不开国家的“投入”，例如，道路、环境、安全等，所以一部分归国家，即税收；最后的净利润，才是股东的。

那如何才能扩大利润？无非就是开源和节流两种方法，可以考虑一种，也可以考虑两者并用。具体措施如图 4-2 所示。

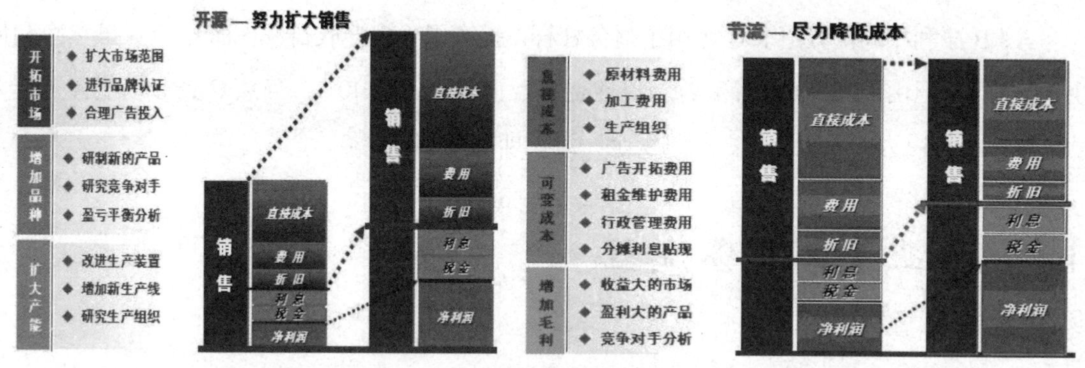

图 4-2　增加企业利润——开源、节流

企业经营的根本是盈利，那如何衡量经营的好坏呢？有两个最关键的指标：一是，Return On Assets(ROA)——资产收益率；二是，Rate of Return on Common Stockholders' Equity(ROE)——净资产收益率(权益收益率)。

ROA=净利润/总资产；ROE=净利润/权益

ROA 越高反映的是企业的经营能力越强，相当于企业中一块钱的资产能获利多少。但我们知道企业的资产并不都是属于股东的，股东最关心的是他的收益率，ROE 反应的是股东一块钱的投资能收益多少，当然是越高越好了。

两者之间的关系如下。

$$\text{ROE}=\frac{\text{净利润}}{\text{权益}}=\frac{\text{净利润}}{\text{总资产}}\times\frac{\text{总资产}}{\text{权益}}=\text{ROA}\times\frac{1}{1-\text{资产负债率}}\ (\text{权益乘数})$$

ROA 一定，资产负债率越高，ROE 就越高，表明企业在“借钱生钱”，用别人的钱为股东赚钱，这就是财务杠杆效应；资产负债率不变，ROA 越高，ROE 也越高，这表明企业的经营能力越强，给股东带来的回报就越大，这就是经营杠杆效应。

如果资产负债率过高，企业风险会很大。也就是说大把欠着别人钱时，主动权不在经营者手里，一旦环境有变数那风险就太大了。比如：一旦由于贷款到期出现现金流短缺，企业将面临严重的风险。当然资产负债率如果大于 1，就是资不抵债，理论上讲就是破产了。

表 4-1 所示是三家资产均为 100 的企业的盈利能力比较。

表 4-1　盈利能力比较

企　业	总资产	负　债	权　益	净　利	ROA	ROE
A	100	0	100	15	15%	15%
B	100	50	50	15	15%	30%
C	100	90	10	4	4%	40%

A、B 净利相同，但由于 B 运用了财务杠杆，提高了净资产收益率；而 C 企业虽然净利最小，只有 4，但由于其高负债率，净资产收益率反而最高，达 40%，当然 C 企业也蕴含了巨大的风险，面临巨大的还贷压力，一旦现金断流，即意味着破产。

4.2 企业基本业务流程

企业基本业务流程如图 4-3 所示。

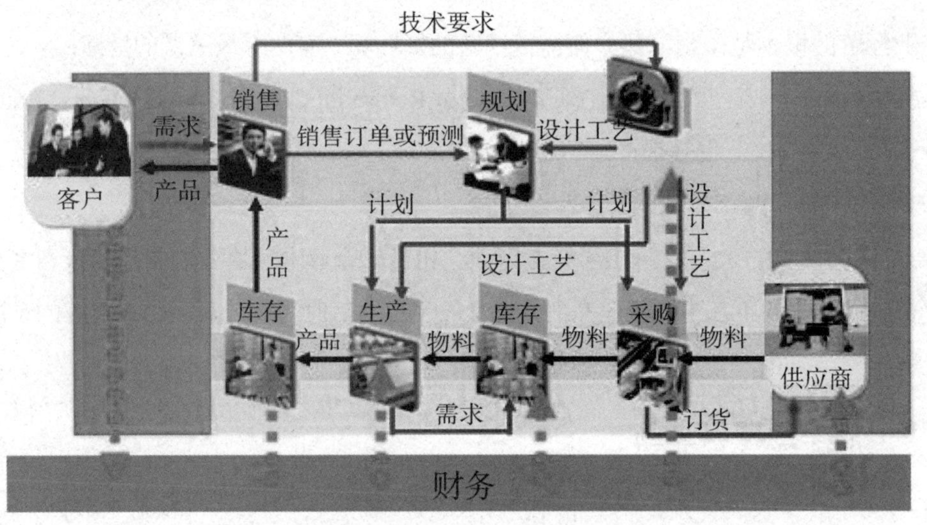

图 4-3 企业基本业务流程

ERP 沙盘是一家典型的制造型企业，采购—生产—销售构成了基本业务流程。整个流程中有如下几个关键的问题。

1. 如何确定产能

表 4-2 列出了所有可能的产能状态。按照上面提供的方法，结合本企业的生产线及库存情况，我们可以计算出可承诺量(ATP)，这是选单及竞单的时候要牢记的。值得注意的是，可承诺量(ATP)并不是一个定数，而是一个区间，因为我们可以转产、紧急采购、紧急加建生产线、向其他企业采购。比如，意外丢了某产品订单，则需要考虑多拿其他产品订单，可能需要用转产；再比如，某张订单利润特别高，可以考虑紧急采购、紧急加建生产线或向其他企业采购产品来满足市场需要。产能的计算是选单及竞单的基础。

表 4-2　生产周期和年初状态影响产能

生 产 周 期	年初在制品状态	各季度生产进度				产　能
		1	2	3	4	
3	○ ○ ○	□	□	□	■	1
	● ○ ○	□	□	■	□	1
	○ ● ○	□	■	□	□	1
	○ ○ ●	■	□	□	■	2
2	○ ○	□	□	■	□	1
	● ○	□	■	□	■	2
	○ ●	■	□	■	□	2
1	○	□	■	■	■	3
	●	■	■	■	■	4

注：实心圆图标表示在制品；实心正方形图标表示产品完工下线，同时开始新的下一批生产。

2. 如何读懂市场预测

市场是企业经营最大的变数，也是企业利润的最终源泉，其重要性不言而喻。营销总监可以说是最具挑战性的岗位之一。

图 4-4 可作如下解读：P1 产品需求量在后两年快速下降，其价格也逐年走低。P2 产品需求一直较为平稳，前四年价格较稳定，但在后两年下降迅速。P3 产品需求发展较快，价格逐年走高。P4 产品只在最后两年才有少量的需求，但价格和 P3 相比并没有特别吸引力。

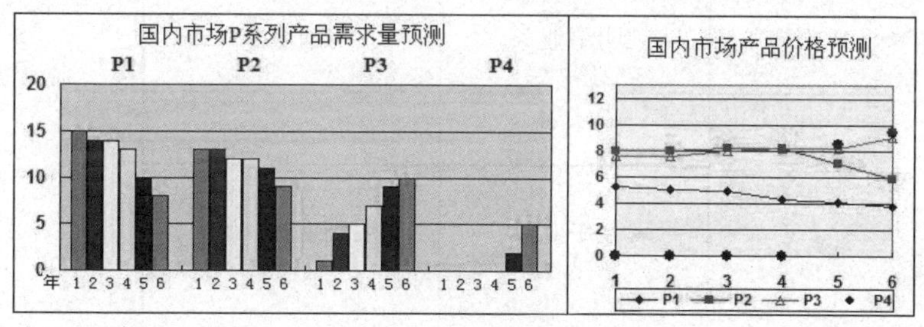

图 4-4　市场预测

读懂了市场预测，仅结合产能还不足以制定广告策略，同时还要对竞争对手有正确的评估，企业竞争玩的就是“博弈”，知己知彼，百战不殆。很多时候某个产品价格高，需求也可以，大家就都一头扎进去抢单，其结果是恶性竞争，所以往往看着是“馅饼”，其实可能是“陷阱”。

制定好了广告策略，还需要对销售额、销售量、毛利有一个较为明确的目标。最直接的指标是：广告投入产出比=订单销售额合计/总广告投入。根据经验值，前两年比值为 5 左右是合理的；第三年后，8 到 10 是合理的。所以不能一味地抢“市场老大”，狠砸广告，当时是高兴了，但对企业整体经营是有害的；也不能一味省广告费，拿不到单，利润何来？

3. 如何进行“产品定位”

在实际经营中，很多人将经营不善归结为销售订单太少、广告费用太高、贷款能力不够，但这些往往是表面现象。“产品定位”极易被忽视，很多学生在经营时业绩已经不佳，但仍然按照原来的思路操作。该进入的产品市场不知道及时进入，该放弃的产品还在“鸡肋”式地经营，甚至到结束时，仍然不明白“为什么我们没有利润”。

沙盘的精髓在于深刻体验并理解企业运营中“产、供、销、人、财、物”之间的逻辑关系，从而引申到对计划、决策、战略、流程和团队合作等方面知识的认知。若不能透彻地“剖析”各个产品的定位，度量每个产品对企业的“贡献”并随时修正经营，无疑将会使企业经营陷于混乱懵懂的境地。

采用“波士顿矩阵”分析是一种进行“产品定位”的好方法，该方法主要考察两个指标，如图 4-5 所示。

- 相对市场占有率：在沙盘模拟中，根据笔者的经验，某业务销售额在所有企业中占 30%，可以认为是“高”市场份额，反之为“低”市场份额。
- 市场增长率=(本年总销售额－上年总销售额)/上年总销售额×100%，若大于 30%属“高”增长率，否则定义为“低”增长率。

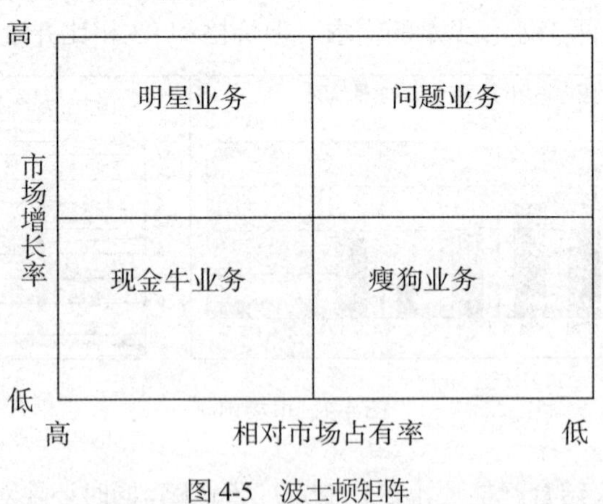

图 4-5　波士顿矩阵

根据以上两个指标，在一个平面中开成四象限，分别定义为问题业务、明星业务、现金牛业务及瘦狗业务。

(1) 问题业务

问题业务指高增长、低市场份额，在这个领域中是一些投机产品，带有较大的风险。这些产品可能利润率很高，但占有市场份额很少。问题业务往往是一个公司的新业务，为发展这类业务公司必须建设工厂，增加设备，以便跟上迅速发展的市场，并超过竞争对手，这些意味着大量的现金投入。问题业务非常贴切地描述了对待这类业务的态度，所以必须慎重回答"是否继续投资，发展该业务"这个问题。只有那些符合企业发展长远目标、企业具有资源优势、能够增强企业核心竞争力的业务才能得到肯定的回答。在沙盘企业经营的后几年中，高端产品 P4 或 P5 基本上属于这个情况，此时面临的问题为是否有足够的资金进行产品研发、生产线建设的投入。

(2) 明星业务

明星业务领域中的产品处于快速增长的市场中，且占有支配地位的市场份额，但是否会产生正现金流量，取决于厂房、设备和产品研发等投资额。明星业务是由问题型业务继续投资发展起来的，可以视为高速成长市场中的领导者，它将成为公司未来的现金牛业务。因为市场还在高速成长，企业必须继续投资，以保持与市场同步增长，并击退竞争对手。企业如果没有明星业务，就失去了希望。

(3) 现金牛业务

处在现金牛业务领域中的产品会产生大量现金，但未来的增长前景是有限的。其是成熟市场中的领导者，是企业现金的来源。由于市场已经成熟，企业不必大量投资来扩展市场规模，同时作为市场中的领导者，该业务享有规模经济和高边际利润的优势，因而可以给企业带来大量的现金流。企业往往用现金牛业务来支付账款及其他业务需要的现金。低端产品 P1 和 P2 属于这种情况，前几年的市场增长有限，且销售额较高，有较多现金回收，支持其他业务发展。

(4) 瘦狗业务

瘦狗业务既不能产生大量的现金，也不需要投入现金，其未来没有发展的希望。通常这类业务是微利甚至亏损的。但可能由于感情的因素，很多学员不忍放弃，或者因为其他业务没有开发出来，只能依靠现有瘦狗业务勉强度日。正确的做法是采用收缩战略，及时转移到更有利的领域。P1 产品往往第三年起便成为瘦狗业务，订单数量与价格均不理想，此时投入大量广告费是得不偿失的，其策略应是以销售库存为主。当然，若是其他业务不足，为避免生产线闲置，也可考虑生产 P1。

4. 如何确定生产计划和原料订购计划

获取订单后，就可以编制生产计划和原料订购计划。两者可以同时编制，以生产 P2 为例，其物料清单(BOM)为 R2+R3，其中 R2 订购提前期为一季，R3 为两季。

由表 4-3 可知，手工线(假设其生产周期为 3)第 3 季开始下一批生产，则第 2 季订 1 个 R2，第 1 季订 1 个 R3；第 6 季(即第 2 年第 2 季)开始新一批生产，需要在第 5 季(第 2 年第 1 季)订 1 个 R2，第 4 季订 1 个 R3。

以此类推，可以根据生产线类型(半自动、自动线假设生产周期分别为 2、1)及所生产产品类型计算出何时订购，订购多少。当然实际操作的时候还要考虑原料库存、转产、停产、加工费、原料到货付款等。原料订购计划做好后，原料付款计划则随即产生。

表 4-3　生产计划与原料订购计划

状态 \ 时间(Q)		1	2	3	4	5	6
手工线	产品下线并开始新生产			■			■
	原料订购	R3	R2		R3	R2	
半自动	产品下线并开始新生产		■		■		■
	原料订购	R2	R3	R2	R3	R2	
自动线	产品下线并开始新生产	■	■	■	■	■	■
	原料订购	R2+R3	R2+R3	R2+R3	R2+R3	R2	
合计		2R2+2R3	2R2+2R3	2R2+R3	R2+3R3	3R2	

注：年初生产线有在制品在 1Q 位置。

4.3　如何管理资金——现金为王

- 看到现金库资金不少，心中就比较放心。
- 还有不少现金，可是却破产了。
- 能借钱的时候就尽量多借点，以免第 2 年借不到。

以上几种情况，是 ERP 沙盘经营中经常看到的，说明对资金管理还不太理解。下面从资金管理角度一一分析。

库存资金越多越好吗？错！资金如果够用，越少越好。资金从哪来，可能是银行贷款，但是要付利息的，短贷利率最低也要 5%；也可能是股东投资，但股东是要经营者拿钱去赚钱的，放在企业里闲置，是不会“生”新钱的；也可能是销售回款，但放在家里也是白白浪费，放银行多少也有点利息。

现金不少，却破产了，很多同学这个时候会一脸茫然。破产有两种情况，一是权益为负，二是资金断流。此时破产，必是权益为负。权益和资金是两个概念，千万不要混淆，这两者之间有什么关系呢？从短期看，两者是矛盾的，资金越多，需要付出的资金成本也就越多，反而会降低本年权益；从长期看，两者又是统一的，权益高了，就可以从银行借更多的钱，银行最大的特点是“嫌贫爱富”。企业经营，特别是初期，在这两者间相当纠结，要想发展，做大做强，必须得借钱、投资，但这时候受制于权益，借钱受到极大限制，又如何发展呢？这是企业经营之初的“哥德巴赫猜想”，破解了这个难题，经营也就成功了一大半。

在权益较大的时候多借点，以免来年权益降了借不到。这个观点有一定的道理，但是也不能盲目借款，否则以后一直会背负沉重的财务费用，甚至还不出本金，这就成为了我们常讲的“饮鸩止渴”。

通过以上分析，我们可以看出，资金管理对企业经营的重要性。资金是企业日常经营的“血液”，断流一天都不可。我们将可能涉及资金流入流出的业务汇总，不难发现基本上涵盖了所有业务。如果将来年可能的发生额填入表中，就自然形成了资金预算表，如表 4-4 所示。如果出现断流，必须及时调整，看看哪里会有资金流入，及时补充。

通过表 4-4，我们发现，资金流入项目实在太有限了，其中对权益没有损伤的仅有“收到应收款”一项，而其他流入项目都对权益有“负面”影响。长短贷、贴现——增加财务费用；出售生产线——损失了部分净值；虽然出售厂房不影响权益，但是购置厂房的时候是一次性付款的，而出售后得到的只能是四期应收款，损失了一年的时间，如果贴现也需要付费。

至此，你可以明白资金预算的意义了，首先保证企业正常运作，不发生断流，否则就是破产出局；其次，合理安排资金，降低资金成本，使股东权益最大化。

资金预算和销售计划、开工计划、原料订购计划综合使用，既保证各计划正常执行，又防止出现不必要的浪费，如库存积压、生产线停产、盲目超前投资等。同时如果市场形势、竞争格局发生改变，资金预算必须动态调整，适应要求。可以说资金的合理安排，为其他部门的正常运转提供了强有力的保障。

至此，你应该多少理解财务的地位了吧！他为企业运作保驾护航。再也不要随便责怪他们“抠门”了，他们难着呢，到处都要花钱，不“抠门”点，估计不多久就会断流破产了。

表 4-4　资金预算表

	1 季	2 季	3 季	4 季
期初库存现金				
贴现收入				
支付上年应交税				
市场广告投入				
长贷本息收支				
支付到期短贷本息				
申请短贷				
原料采购支付现金				
厂房租买开支				
生产线(新建、在建、转产、变卖)				
工人工资(下一批生产)				
收到应收款				
产品研发				
支付管理费用及厂房续租				
市场及 ISO 开发(第四季)				
设备维护费用				
违约罚款				
其他				
库存现金余额				

4.4　用数字说话——找出不赚钱的原因

表 4-5 和表 4-6 所示是某企业 6 年的综合费用表和利润表(数据来源于电子沙盘，初始现金为 60)。

表 4-5　某企业综合费用表

项目＼年度	第 1 年	第 2 年	第 3 年	第 4 年	第 5 年	第 6 年
管理费	4	4	4	4	4	4
广告费	0	6	9	8	12	14
维修费	0	3	5	5	5	5
损失	0	7	0	0	0	0
转产费	0	0	0	0	0	0
厂房租金	5	5	5	5	5	5
新市场开拓	3	1	0	0	0	0
ISO 资格认证	1	1	0	0	0	0
产品研发	4	3	3	0	0	0
信息费	0	0	0	0	0	0
合计	17	30	26	22	26	28

表 4-6　某企业利润表

项目＼年度	第 1 年	第 2 年	第 3 年	第 4 年	第 5 年	第 6 年
销售收入	0	39	85	113	163	137
直接成本	0	18	33	46	75	67
毛利	0	21	52	67	88	70
综合费用	17	30	26	22	26	28
折旧前利润	−17	−9	26	45	62	42
折旧	0	0	10	16	16	16
支付利息前利润	−17	−9	16	29	46	26
财务费用	0	4	12	17	10	12
税前利润	−17	−13	4	12	36	14
所得税	0	0	0	0	5	3
年度净利润	−17	−13	4	12	31	11

我们发现，该企业除第 5 年以外，其余年份业绩平常，从第 3 年起，销售收入增长较快，但利润增长却很慢。做得挺辛苦，就是不赚钱。

1. 全成本分析——钱花哪儿了

将企业各年度成本汇总，1 代表当年的销售额，各方块表示各类成本分摊比例，如图 4-6 所示。如果当年各方块累加高度大于 1，表示亏损；低于 1 表示盈利。

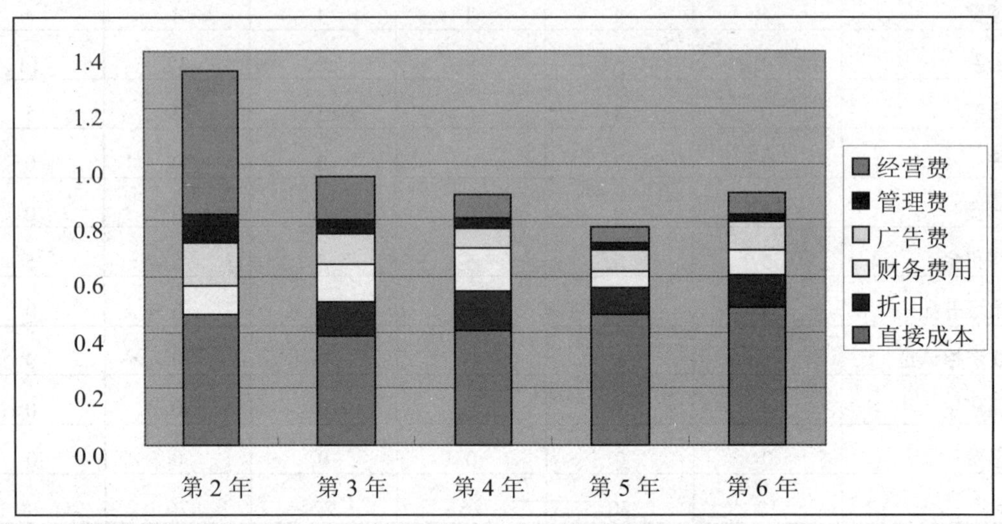

图 4-6　各年度成本汇总

特别提示

- 考虑到第 1 年没有销售，因此列出的数据从第 2 年起。
- 经营费＝综合费用＋管理费＋广告费。

第 2 年经营费较高，主要是因为出现了损失，查找经营记录，发现原来是高价向其他企业采购了 3 个 P2 产品，看来选单发生了重要失误或者生产和销售没有衔接好。直接成本也较高，主要是因为订单的利润不高。

第 3、4 年经营基本正常，也开始略有盈利，企业逐步走上正轨，但是财务费用较高，资金把控能力还不足。

第 5 年利润较好，但直接成本较高，毛利率不理想，看来对市场研究还不透，订单利润不高。

第 6 年广告有问题，其效果还不如第 5 年，毛利率也不理想。

2. 产品贡献度——产什么合算

图 4-7 所示为产品贡献度分析。

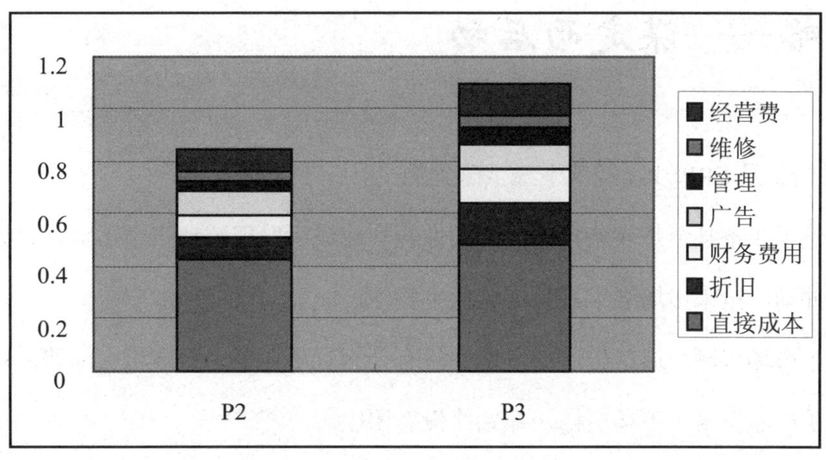

图 4-7　产品贡献度

我们将各类成本按产品分类，这里要注意，经营费、财务费用的分摊比例并不是非常明确，可以根据经验来确定。

我们发现 P2 比 P3 赚钱，是因为 P3 的直接成本高，导致毛利润不理想；同时分摊的折旧比例较高，主要是因为生产 P3 的生产线建成时机不好，选在第 3 年第 4 季建成，导致无形中多提了一年折旧，可以考虑缓建一季，节省一年折旧费。

控制成本还有好多方法，详细内容参见第 5 章。

3. 量本利分析——产多少才赚钱

销售额和销售数量成正比。企业成本支出分为固定成本和变动成本两块，固定成本和销售数量无关，如综合费用、折旧、利息等。成本曲线和销售金额曲线交点即是盈亏平衡点。通过图 4-8，我们可以分析出，盈利不佳，是因为成本过高或产量不足。

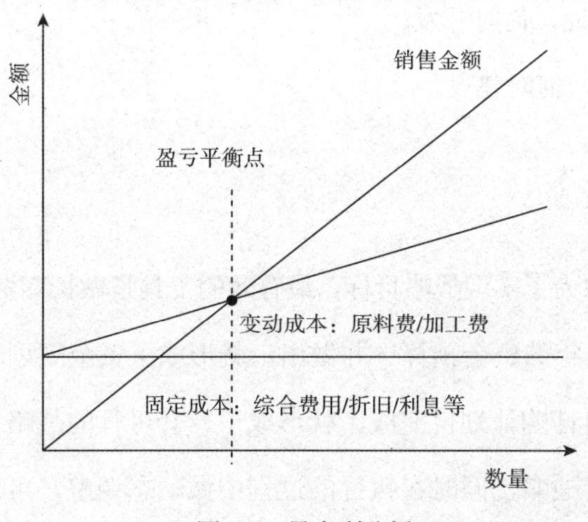

图 4-8　量本利分析

4.5 战略——谋定而后动

以下几种情景是 ERP 沙盘经营中经常碰到的。

(1) 盲目建了 3 条甚至是 4 条自动线或柔性线，建成后发现流动资金不足，只好停产。

(2) 一时冲动，抢来市场老大，第 2 年拱手相让。

(3) 在某个市场狠砸一通广告，却发现并没有什么竞争对手，造成极大浪费。

(4) 开发了产品资格、市场资格，却始终没有用上。

(5) 还没有搞清楚要生产什么产品，就匆匆忙忙采购了一堆原料。

(6) 销售不错，利润就是上不去。

很多经营者，一直是糊里糊涂的，这是典型的没有战略的表现。所谓战略，用迈克尔·波特的话说就是“企业各项运作活动之间建立的一种配称”。企业所拥有的资源是有限的，如何分配这些资源，使企业价值最大，这就是配称。目标和资源之间必须是匹配的，不然目标再远大，实现不了，也只能沦为空想。

ERP 沙盘模拟经营必须在经营之初就做如下几个战略问题的思考。

(1) 企业的经营目标——核心是盈利目标，还包括市场占有率、无形资产占用等目标。

(2) 开发什么市场，何时开发。

(3) 开发什么产品，何时开发。

(4) 开发什么 ISO 认证，何时开发。

(5) 建设什么生产线，何时建设。

(6) 融资规划。

……

ERP 沙盘模拟经营中为了实现战略目标，最有效的工具是做长期资金规划，如表 4-4 所示的资金预算表。预先将 6 年的资金预算一并做出，就形成了资金规划。同时将 6 年的预测财务报表、生产计划、原料订购计划也完成，就形成了一套可行的战略。当然仅一套战略是不够的，事先需要形成数套战略，同时在执行的过程中做动态调整，可以根据图 4-9 所示的思路进行调整。

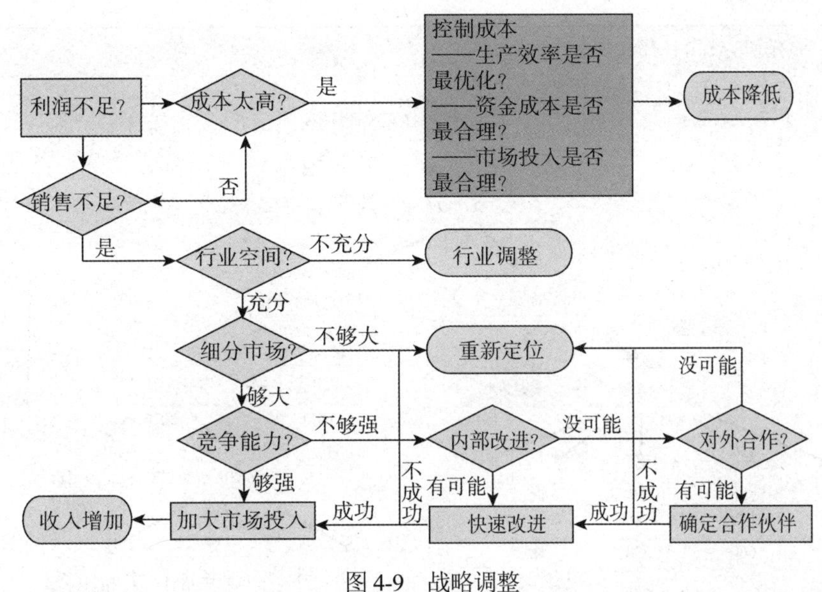

图 4-9 战略调整

有两点要引起重视。第一，在战略的制定和执行过程中，永远不要忘记你的对手，对手的一举一动都会对你产生重要影响；第二，前 3 年是经营的关键，此时企业资源较少，战略执行必须步步为营，用好每一分钱。而且前期若是被对手拉开差距，后期想追赶是很难的。第 1 年浪费 1W，可能会导致第 6 年权益相差几十万，这就是“蝴蝶效应”。

4.6 财务分析

1. 杜邦分析——找出影响利润的因素

杜邦分析体系是一种比较实用的财务比率分析体系。这种分析最早由美国杜邦公司使用，故得此名。

杜邦分析法是利用几种主要的财务比率之间的关系来综合地分析企业的财务状况，用来评价企业盈利能力和股东权益回报水平。它的基本思想是将企业的净资产收益率(ROE)逐级分解为多项财务比率的乘积，有助于深入分析比较企业的经营业绩。

本章第 1 节已经说明净资产收益率是股东最为关心的指标，通过杜邦分析，可以揭示影响这个指标的因素。为了找出销售利润率及总资产周转率水平高低的原因，可将其分解为财务报表有关项目，从而进一步发现问题产生的原因。有了如图 4-10 所示的杜邦分析图，可以直观地发现哪些项目影响了销售利润率和资产周转率。

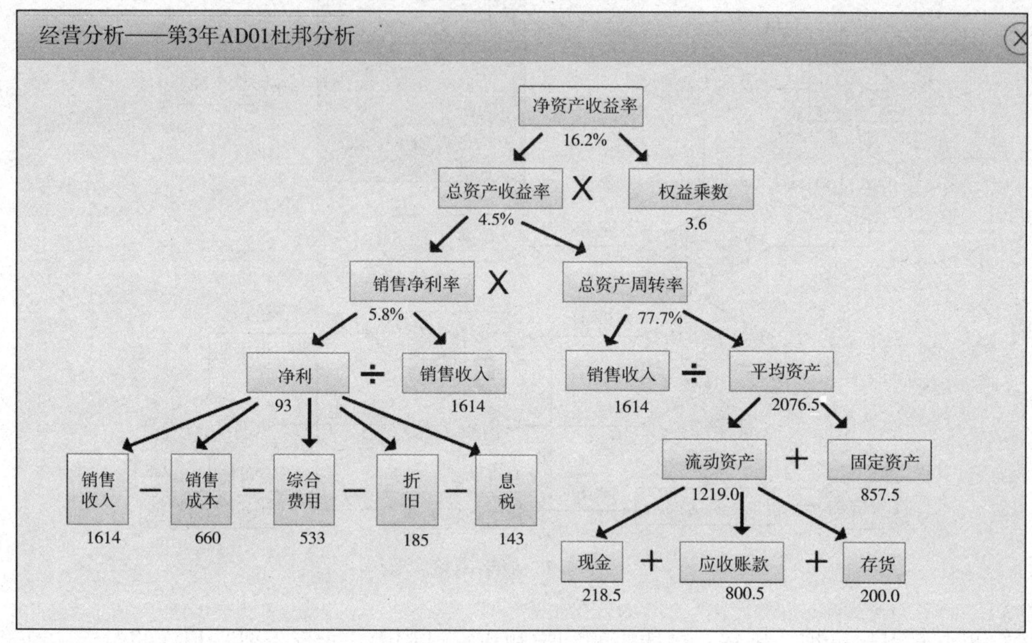

图 4-10　杜邦分析图

其中：

平均总资产＝(期初总资产＋期末总资产)/2

总资产＝平均流动资产＋平均固定资产

平均固定资产＝(期初固定资产＋期末固定资产)/2

平均流动资产＝(期初流动资产＋期末流动资产)/2

2. 经营能力指标分析

经营能力包括收益力、成长力、安定力、活动力、生产力等五力分析，如表 4-7 所示。

表 4-7　五力分析

收益力	毛利率	(销售收入-直接成本)/销售收入×100%
	利润率	净利润/销售收入×100%
	总资产净利率	净利润/[(期初总资产+期末总资产)/2]×100%
	净资产收益率	净利润/[(期初所有者权益+期末所有者权益)/2]×100%
	总资产收益率	息税前利润/总资产×100%
	销售利润率	息税前利润/销售收入×100%
成长力	收入成长率	(本期销售收入-上期销售收入)/上期销售收入×100%
	利润成长率	(本期净利润-上期净利润)/上期净利润×100%
	净资产成长率	(本期期末净资产-上期期末净资产)/上期期末净资产×100%

(续表)

安定力	流动比率	期末流动资产/期末流动负债×100%
	速动比率	(期末流动资产−期末存货)/期末流动负债×100%
	固定资产长期适配率	期末固定资产/(期末长期负债+期末所有者权益)×100%
	资产负债率	期末负债/期末资产×100%
活动力	应收账款周转率	当期销售净额/当期平均应收账款×100%
	存货周转率	当期销售成本/[(期初存货+期末存货)/2]×100%
	固定资产周转率	当期销售收入/[(期初固定资产+期末固定资产)/2]×100%
	总资产周转率	当期销售收入/[(期初总资产+期末总资产)/2]×100%
生产力	人均利润	当期利润总额/当期平均职工人数
	人均销售收入	当期销售收入/当期平均销售人员数

收益力表明企业是否具有盈利的能力，指标中以净资产收益率为投资者最关心，其反映的是投资者投入资金的获得能力。一般而言，这几个指标越高越好。

成长力表示企业具有成长的潜力，即持续盈利能力。一般而言，越高越好。

安定力是衡量企业财务状况是否稳定，会不会发生财务危机的指标。流动比率大于 2，速动比率大于 1 认为短期偿债能力较好。固定资产长期适配率应该小于 1，因为固定资产的购建应该使用还债压力较小的长期贷款和股东权益，原因是固定资产建设周期长，回报周期更长，需要若干年，如果用短贷购建，会由于短期内不能实现产品销售回笼现金，造成还款压力。资产负债率越高，企业面临的财务风险越大，获利能力也越强，在 60%至 70%之间较为合理。

活动力是从企业资产的管理能力方面对企业经营业绩做出评价。周转率越高，说明企业周转速度越快，获利能力越强。

生产力是衡量人力资源的产出能力的指标。

4.7 岗位评价

目前的沙盘比赛都是对企业的整体经营业绩进行积分评价。这种评价可以展现整个小组的经营业绩，但小组成员如何评价，特别是与其他小组相应成员如何比较是个难题。现实中可以发现有些队伍可能因为有一两个“超人”，使企业业绩不错，而其余队员仅仅是扮演“打酱油”的角色。因此以企业成绩来简单评价成员是不够全面的，说服力不足。一个小组业绩不佳，也并非说明每个成员能力都不行。

沙盘模拟非常讲究团队合作，但也需要透彻“剖析”各个岗位的经营得失，尽可能“量化”各岗位“绩效”，并指出改进方向，这无疑对学生的提高是大有帮助的。

岗位评价需要注意以下几个问题。

首先是评价指标按职责分类。企业经营是一个整体，要想“绝对”没有关联地“区分”每个岗位的“贡献”是不可能的。如广告投入费用过大，其责任是属于“营销总监”没有成本意识，还是“财务总监”不会费用预算呢？对此只能硬性地做规定属于哪个部门的职责“客观”上由其负责，比如广告费属于市场营销职责。而其他影响，划归为“团队合作”问题，由总裁 CEO 负责。

其次指标计算的“原始数据”取自各组实际经营。这样相对来说比较客观，不易引发争议。有些指标容易计算，如广告成本；有些指标需要用原始数据进行数据挖掘，如团队合作。

最后指标的评判需要借助历史经验、数据，无法完全做到客观、量化。

1. 营销总监评价

(1) 成本控制因素：用(广告费用/销售额)及(所接订单直接成本/销售额)来衡量，两个指标越小均说明营销总监的广告效率越高。

(2) 现金流配合意识：可以从两方面考虑，应收款比率与销售收益率。应收款比率指应收款在流动资产中所占的比率，太大，意味着资金风险大，说明在选择订单时账期考虑不周；销售收益率指当年销售额转化为现金的比率，转化率越高，说明订单选择越优。

(3) 市场份额：各组销售所占市场份额比率可以反映市场开拓、ISO 认证的意识和效果。至于产能、研发、现金流控制等因素则可划归“团队合作”评价。

(4) 客户满意度：有关客户满意度的评价可以用“当年未交货订单”的金额或者数量进行评价。至于产能、生产计划、采购计划、研发等影响因素则划归为“团队合作”评价。

(5) 市场定位准确性：可以用各队在各个市场份额的排名情况来判定，若在某个市场份额排名越靠前，认为其定位准确性越高。

2. 财务总监的评价

(1) 财务成本控制：该因素主要涉及长短贷利息、应收款贴息等。财务成本大就说明该财务总监融资意识、现金流控制意识比较差。

(2) 现金流控制：该因素主要考虑上节所述安定力因素(如速动比率)，体现财务总监现金流控制意识。

(3) 财务杠杆意识：能否正确运用贷款来提高股东回报率。

(4) 费用控制意识：主要体现在各项费用投资回报率上，比如研发投资的回报率。当然，该指标与其他岗位因素有密切关系，可将其划归为“团队合作”因素评价。

3. 生产总监评价

(1) 产能计算意识：这是生产总监的基本职能，能否在运营过程中进行正确的产能计算可以判定其管理意识是否清晰。

(2) 产品库存控制：若累计库存过大，势必造成“资金不合理占用”，采购计划不精准，资金周转率不高等。

(3) 费用控制：该因素主要体现在研发投资回报、生产线建设投资回收期、厂房租金成本、生产线转产成本等方面。

4. 采购总监评价

(1) 原料计算的准确性：这是采购总监的基本职能，能否在运营过程中进行正确的产能计算可以判定其管理意识是否清晰。

(2) 原料库存的控制：能否控制原料库存，既能保证正常生产、转产等需要，又不积压。

5. 总裁 CEO 评价

CEO 应当对整体经营负责，所以对 CEO 评价因素应当体现各个方面的影响。

(1) 股东满意度：最后的各小组根据以下公式：{总成绩＝所有者权益×(1＋企业综合发展潜力/100)−罚分}计算分数，可以作为股东满意度的最终指标，且是核心指标。

(2) 总成本控制：所有费用的成本分摊累计可以作为 CEO 的一个评价因素。尽管费用成本与各个岗位职责相关，但最终决策是要得到 CEO 认同的，因此 CEO 必定对最终总成本负责。

(3) 团队合作：可以将各小组内表现最差岗位与最佳岗位之间的落差作为评价指标。CEO 的责任之一就是不断改进，使小组的最“短板”得到提高，以此来提高整个团队的业绩。

(4) 企业成长：资产规模的增长情况可以说明企业成长的好坏。

(5) 市场战略：市场战略方向是否合理，可以通过考察各个市场份额来评判。

第5章 实战篇

5.1 沙盘竞赛技战术经验

1. 新年度规划会议(战略选择)

新年度规划会议，在流程表中只有一个格子，没有资金的流动，也没有任何操作，因此很多初学者往往把新年度规划会议给忽视了。恰恰相反，一支真正成熟的、有竞争力、有水平的队伍，往往会用掉全部比赛时间的四分之三以上来进行年度规划。到底什么是年度规划？要做什么？怎么做？

首先，年度规划会议是一个队伍的战略规划会、全面预算会和决策会。可以对照经营流程表将这个企业要做的决策都模拟一遍，从而达到“先胜而后求战”的效果。套用《孙子兵法》里的话：“规划，企业大事也，生死之道，存亡之地，不可不查也”。

如何做规划才能有效呢？总的来说就是根据流程表上的步骤全部模拟一遍。当然这中间会涉及很多技巧，但有几点通用的规律，正如老子说的“道”，掌握了“道”，自然会演化出各种各样的“术”——技巧。

道可道，非常道！能够说清楚的就不是真的“道”了，“道”是靠悟的！所以除了这里讨论的外，更重要的是需要自己不断的实践和总结。

(1) 万事预则立，不预则废。

没有好的预算，没有“走一步看三步”的眼光，就只能是“哥伦布”式的管理——到哪里？不知道！在哪里？不知道！去过哪里？不知道！这样“脚踩西瓜皮”的决策方式，很难在比赛中获得好成绩。

(2) 用数据说话

在沙盘里，最重要的法则之一就是凡事要数据检验，制定大的战略也是，要经过严谨周密的计算，提供详实可靠的数据来支持决策。否则只能是沦为“四拍”式管理——拍脑袋决策，拍胸部保证，拍大腿后悔，拍屁股走人。

(3) 知己知彼，百战不殆

这是《孙子兵法》中的重要思想，同样适用于沙盘模拟。在比赛中，会设置一个巡盘(间谍)环节，其目的就是让大家做到知己知彼。竞争对手的市场开拓、产品选择、产能大小、现金多少等都是必须关注的。简单来说，了解竞争对手的企业要像了解自己的企业一样，只有这样，才能够准确推断出对手的战略意图，从而采取相应的策略进行有效的狙击。

(4) 细节决定成败

海尔对细节孜孜不倦的追求，是其由一个濒临破产的企业成长为中国标志性的跨国企业的核心因素。同样的，在沙盘经营中，我们也必须从细节入手。

无论是在平时上课还是在比赛中，常会听到有人抱怨说：就是因为点错了一步操作；就是因为着急算错了一个数；一不小心忘记某个操作了……。很多人貌似觉得这些“失误”都是微乎其微的，不是真正实力的体现，即使错了，也不关大局，下次注意改正就好了。

其实不然，关注细节是一种习惯，要从平时点滴中慢慢积累培养。很多时候我们会说运气不好，因为某个错误失败太可惜了。究其根本，都是因为在细节上没有把控好，犯了致命的“失误”，导致了满盘皆输。

一个好的财务(计算)可以保证公司不死，一个好的市场(博弈)可以让公司壮大，在这两个条件差不多的情况下，不犯错或者少犯错的队伍就可以获得冠军。到了高水平的巅峰对决，比的就是对细节的把控。

(5) 因势利导、随机应变

在比赛过程中，无论前期做了多么充分的预算和规划，还是会随时可能发生意想不到的情况。如没有注意交货期而选错订单，由于网络问题无法选单等各种突发状况。这些突发状况都是事先无法预测，但又无法回避的。一旦发生，有的队就自乱阵脚，手足无措；有的队则垂头丧气，放弃比赛。而一支真正成熟的队伍，应泰山崩于前而面不改色，同时能够因势利导，随机应变，如此方能在瞬息万变的形势下转危为安，进而取胜。

2. 广告投放

(1) 该不该抢“市场老大”

我们曾在论坛上做过一个调查：第一年，你愿意花多少广告费抢市场老大？结果是选择

80～90W 广告费的占 9.09%；选择 100～120W 广告费的占 59.09%；选择 130～150W 广告费的占 27.27%；选择 160～180W 广告费的占 4.55%。由此可见，大家普遍选择 100～150W 之间的广告费。这难道是巧合吗？其实仔细一算就会发现花多少代价抢市场老大是划算的。

首先，将“市场老大”所带来的时间持续优势做一个假设。做沙盘的人都知道，由于市场逐渐开拓和产品种类的丰富，产品需求量在后两年会大幅增加，因此市场老大的真正价值也就在于前 4 年的市场选单。由此可以认为，“市场老大”效应会延续到第 4 年，意味着如果第 1 年投 110W 广告费抢市场老大，之后 3 年每年投 20W 在这个市场拿两种产品的订单，可以认为 3 年来在这个市场共投入了 150W(假设不抢老大，第一年也需要投 20W 广告费，所以剩余 90W 可算到后 3 年)的广告费，平均每年该市场广告费为 50W。如果将这 50W 的广告费分散投放在不同的产品市场，获得的订单是否会优于抢市场老大的情况？实践证明，在大家产能都比较少，市场竞争不激烈的情况下，50W 完全可以很顺利地将产品卖完，这时如果不经过周密的计算，狂砸猛投广告费去抢市场老大，显然是得不偿失的；相反，在大家产能都很高，竞争非常激烈的情况下，市场老大的优势会体现出来。

另外，规则写道：“‘市场老大’是指该市场上一年度所有产品总销售额最多的队，有优先选单的权利。在没有市场老大的情况下，根据广告费的多少来决定选单次序。”于是很多人就存在一个误区，即以为市场老大就是比谁的广告费多。其实不然，“市场老大”最终比较的是该市场的总销售额，而非一个产品单一的销售量。例如，甲公司只有 P1 产品，而另外一家乙公司拥有 P1、P2 两种产品，那么在选单过程中，即使最大的 P1 订单是被甲公司获得了，但是只要乙公司 P1 和 P2 两种产品的市场销售总额大于甲公司，则无论甲公司投多少广告费，市场老大仍不归甲公司。这就要求我们在抢市场老大的时候，不要只考虑靠“蛮力”猛砸广告费，更多的是要考虑利用“巧劲”，靠合理的产品组合智取“市场老大”。

市场老大是把双刃剑，用好了，威力无穷；用得不好，可能“赔了夫人又折兵”。因此到底要不要抢市场老大，以多少广告费抢市场老大，以什么样的产品组合抢市场老大，需要经过严密的计算然后再做博弈。

(2) 该投多少广告费

广告费怎么投？该投多少？这往往是初学者经常遇到的一个问题，很多人希望得到一个通用的公式。比赛中，真正的战场就是选单，而产品、市场的选择都集中反映在广告投放策略上。兵无常势，水无常形，不同的市场、不同的规则、不同的竞争对手都可能导致广告投放策略的不同。因此要想找一个通用公式，以此做到广告投放的准确无误是不可能的。那是不是就没有任何规律可循呢？当然不是，很多优秀的营销总监都有一套广告投放的技巧和策略，下面我们一起来探讨。

通常拿到市场预测，首先做的就是将图表信息转换成易于读识的数据表，如表 5-1 所示。通过转换，可以清晰地看到各产品、各市场、各年度的需求和毛利；可以弄清不同时期市场的“金牛”产品；更重要的是，通过市场总需求与不同时期全部队伍的产能比较，从而判断该产品是“供大于求”还是“供不应求”。还可以用总需求量除以参赛队数，从而得到平均需求。如果打算出售的产品数量大于平均值，意味着需要投入更多的广告费用去抢别人手里的市场份额；反之可以少投广告费。

表 5-1　某年份各产品价格、数量、毛利

		本　地	区　域	国　内	亚　洲	国　际	合　计	平　均
P1	单价	60	60	62.8	60	59		
	数量	87	62	59	59	79	346	13.31
	毛利	40	40	42.8	40	39		
	总毛利	3 480	2 480	2 525.2	2 360	3 081	13 926.2	535.62
P2	单价	67.4	66.8	65.2	67.1	72.7		
	数量	57	50	48	45	48	248	9.54
	毛利	37.4	36.8	35.2	37.1	42.7		
	总毛利	2 131.8	1 840	1 689.6	1 669.5	2 049.6	9 380.5	360.79
P3	单价	83.9	77.7	78.4	79.2	82.5		
	数量	60	45	47	40	40	232	8.92
	毛利	43.9	37.7	38.4	39.2	42.5		
	总毛利	2 634	1 696.5	1 804.8	1 568	1 700	9 403.3	361.67
P4	单价	93.5	97.2	91.4	96.2			
	数量	23	30	33	43		129	4.96
	毛利	43.5	47.2	41.4	46.2			
	总毛利	1 000.5	1 416	1 366.2	1 986.6		5 769.3	221.90

注：P1、P2、P3、P4 各产品直接成本分别为 20W、30W、40W、50W，共计 26 队。

除了刚才说的根据需求量分析以外，还要考虑整体广告方案，吃透并利用规则：“若在同一产品上有多家企业的广告投入相同，则按该市场上全部产品的广告投入之和决定选单顺序；若市场的广告投入量也相同，则按上年该市场的销售额排名决定选单顺序。”如果在某一市场整体广告费较高，或者前一年度销售额相对较高的情况下，可以适当优化部分产品的广告费用，从而达到整体最优的效果。

3. 参加选单会/登记订单

在选单环节之前，我们通常会先计算好自己的产能，甚至到每个季度可以产多少个产品，有多少个产品是可以通过转产来实现灵活调整的。在对自己的产能情况了如指掌后，通过分析市场预测，大概确定出准备在某个市场出售多少产品，同时决定相应的广告费。

在所有组的广告投放完之后，裁判通常会将所有广告情况下发，我们可以快速分析出自己在各个市场选单的次序，同时对比原来设计的产品投放安排，做出相应调整，保证顺利实现销售。

我们经常会遇到一个很纠结的问题：大需求量的单子往往单价比较低，接了这样的单子利润比较薄，有些不甘心；单价高利润大的单子，往往数量小，接了这样的单子又怕不能把产品卖完，造成库存积压。选数量大的单子还是单价高的单子呢？这应该根据赛场情况灵活应对。

初期，大家的产能相对市场需求比较大，考虑发展的需要，建议以尽可能多地销售产品为目标；后期，由于市场和产品的多样化，以及部分企业的破产倒闭，市场竞争反而宽松，在这样的情况下，很多时候只要投最小得单广告额就有可能“捡到”一次选单机会，这时“卖完”已经不是企业最重要的任务，而应更多考虑“卖好”。特别是大赛，到了后期强队之间的权益可能只相差几十万甚至几万，产能都达到了上限，此时如果可以合理精选单价高的订单，就可以获得几十万甚至上百万的毛利优势。

最后分享下订单分解的经验，仅适用于标准订单，比赛时还要根据具体情况做调整。通常：订单需求量最大数=该市场该产品总需求量/(参赛组数÷2)。若大于 4 则向下取整；若小于 4 则向上取整。第二大单的数量受第一大单影响，若第一大单大于 4 则减 2；若第一大单小于 4 则减 1。

4. 参加竞单会/登记订单

(1) 竞单规则的几点说明

竞单打破了原先订单总价、交货期、账期都事先规定好的限制，通过“暗标”的方式来获取市场订单。本教程第 3 章有详细阐述，不再赘述，但有几个问题需要说明。

① 对竞得单张数进行限制。主要是为了防止恶意串谋。例如，2010 年的浙江比赛，某三本院校在自身出线无望的情况下，为了支持本部，在最后一年让其本部院校在选单市场中“吃饱”，以销售掉所有产品。因此在竞单环节中，该三本院校所有订单都出最低价拿到，导致多所院校最后一年库存积压。最后，该三本院校破产，本部院校成功晋级。

② 竞单时不允许紧急采购，也不允许市场间谍。主要是为了防止某些参赛队蓄意破坏或串谋，以恶意低价竞得订单，然后通过紧急采购或有偿间谍将现金减少，导致其竞得订单作废。

这样，一则可能蓄意搅乱市场，二则可能对某些对手进行“陷害”，从而达到支持第三方的目的。

我们以 2011 年江西省赛的例子来说明，当时没有这个规则，赛场出现了极富戏剧性的变化。第 5 年经营结束时，江西财经大学由于产能并不是太理想，在正常情况下，极可能排在本科组第三名，但国赛出线只有两个名额。最后一年该队沉着冷静，仔细分析，制定了一套神奇的策略，击败了华东交通大学，使自己成功晋级。

该队分析出了华东交通大学主要是以 P4 产品为主，并且在选单市场中 P4 未“吃饱”，显然准备在竞单市场中大显身手。江西财经大学的选手暗自庆幸机会来了，他们在竞单市场中均以最低价全部竞得 P4 产品。比赛中，其他队员看到江西财经大学的出价，一片哗然。“已经大大超出了产能啊，难道准备违约？这不是找破产吗?”“就算交货了，也没有一点利润啊！损人不利己!”但最终结果出来，大家都疑惑不解——江西财经大学成功晋级。原来，该校在竞得 P4 产品后，马上进行有偿间谍，使自己的现金迅速减少，总共损失了 13W(60W 为初始资金)，系统在派发竞单时，由于现金不够标书费，其竞到的 P4 订单均作废。最后华东交通大学的损失惨重，由稳居第二变成屈居第三，痛失国赛机会。

(2) 竞单风险分析

竞单规则中，由于每种产品都可以卖出直接成本 3 倍的价格，因此巨大的利润对每支参赛队来说都是一种无法抗拒的诱惑，甚至可能出现极端情况，即将所有销售全部押在竞单市场上。但是由于竞单市场的数量有限，必然有小组因为无法拿到足够的订单而导致大量库存积压，也会因为竞争太激烈而大打价格战，出现大幅降价倾销的情况，这种种不确定性都大大增加了竞单市场的风险。

既然风险这么高，那是不是最好就不竞单了，只要在选单市场稳稳地接单销售，保持稳定增长就可以了呢？当然，如果采取保守策略，风险可以有效规避，但很有可能眼睁睁看着别人“一夜暴富”。以 P2 产品为例，假设你与另一组参赛者同为 P2 产品的专业户，但第 4 年结束时权益略高于对手 50～100W。纵观大部分市场预测，P2 后期在各个市场中的毛利极低，平均在 30～35W 左右，而在竞单中，其最大毛利可以达到令人垂涎的 60W。假设你全部在选单市场上销售，而对方选择在竞单市场上销售，那么只要能成功地在竞单市场上以最高限价卖出三四个 P2 产品，毛利就会比选单市场多 80～100W，实现权益反超。事实上大家仔细看湖南科技大学第四届国赛数据会发现，正是充分利用好了第 5 年和第 6 年的竞单市场，才使最后两年权益有了质的飞越，最终成功问鼎。

根据比赛经验，竞单信息会提前一年下发给各组，之所以如此，就是为了给各组充分的时间考虑。由于竞单会是在选单以后举行，这就意味着一旦没有通过竞单销售完产品，将没有其他途径获得订单，那么只能造成产品库存。这就需要提前设计好竞单产品的品种、数量、价格、交货期及账期等因素。尤其在分配竞单会和选单会比例上非常关键，留下来参与竞单的产品数量越小，其风险就越小，但相对来说收益也可能越小；反之亦然。

竞单环节的引入，大大提高了比赛的博弈性，要在做好周密预算的基础上，充分吃透规则、因势利导、运筹帷幄，才能达到出其不意的效果。正如 5.3 节所述，通过技巧性的违约和紧急采购，可以相对平衡风险和利润，达到灵活多变的效果，最终获取更高的利润。

(3) 交货期、应收账款与总价关系分析

在竞单中，有 3 个变量是需要我们手工填写的——总价、交货期、应收款账期。取得订单的条件是根据公式“得分=100+(5−交货期)×2+应收账期−8×总价/(该产品直接成本×数量)”，或“得分=100+(5−交货期)×2+应收账期−8×单价/该产品直接成本”，以得分最高者中标，如果计算分数相同，则先提交者中标。如果总价很低、账期很长、交货期很短，得分虽然高了，但是收益相对来说就非常低了；相反如果总价很高、账期很短、交货期很长，那么会导致得分很低从而无法获得该订单。因此除了利用市场准入、ISO 限制等常规条件造成相对垄断情况外，如何设置这 3 个变量，找到得分和收益的最佳平衡点是竞单成败的关键。

下面以表 5-2 形式说明为保证得分不变，不同产品的交货期减少一季对单价的影响，及应收账期增加一季对单价的影响。

表 5-2　交货期、应收账期变动与单价的关系

产　品	直 接 成 本	交货期减 1 对单价影响	应收账期增 1 对单价影响
P1	20W/个	+5W/个	+2.5W/个
P2	30W/个	+7.5W/个	+3.75W/个
P3	40W/个	+10W/个	+5W/个
P4	50W/个	+12.5W/个	+6.25W/个

首先来看交货期对单价的影响。从竞单公式中可以看出，交货期每降低一季，若保证总分不变，(8×单价÷该产品直接成本)可以增 2，以 P1 为例(直接成本为 20W/个)，单价可以提高 5W/个。同理可以计算出 P2、P3、P4 对应值，如表 5-2 所示。

应收账期每增加一季，若保证总分不变，(8×单价÷该产品直接成本)可以增 1，以 P1 为例(直接成本为 20W/个)，单价可以提高 2.5W/个。同理可以计算出 P2、P3、P4 对应值，如表 5-2 所示。

从表 5-2 中可以看出，交货期对单价影响较大，因此，如果压存货参与竞单，可以在交货

期上持有优势，在竞单中胜算会比较大。特别的，如果是数量较大的高端产品订单，以 6 个 P4 产品为例，可以一季交货，即使单价高于四季交货对手 37.5W/个，也可以得单，且总利润可以多 225W。因此越是高端产品，数量越大，交货期的优势就越明显。

经过分析，我们可以得知在订货会上尽量选择交货期靠后的单子，尽可能将交货期早的产品留在竞单市场，以谋取更高的利润。同时交货期的另外一个影响要素是产能，产能越大，相对来说可以早交货的产品就越多。因此大产能是在竞单市场中获得高利润的法宝。

应收账期对单价的影响只有交货期的一半。我们仍以 6 个 P4 产品为例，要求 4 账期回收现金可以比 0 账期最多单价高出 25W/个，总利润相差 150W。那我们到底应该都填 4 账期以期获得更好的产品总价，还是应该都填 0 账期以获得更好的现金流呢？我们来看上述例子，要求 4 账期回收，多出 25W/个，将其贴现需要多少费用呢？若单价低于200W/个，贴现费用小于 25W，因此 4 期应收合算。而 P4 最高价为 150W/个，显然 4 期应收，高单价合算。要求 2 期回收与 0 账期比如何呢？最多单价可以高出 12.5W/个，单价高于 125W/个，贴现费用大于 12.5W，显然 0 账期出低价合算；单价低于 125W/个，贴现费用小于 12.5W，出高价 2 账期合算。当然，如果现金流不紧张，优先考虑高价。其他情况可同理计算，并无一定之规。

5. 支付应付税

(1) 计算所得税的详细方法

很多初学者对于沙盘中的所得税的计算不是很清楚，什么时候该交，什么时候不需要交，常常存在疑惑。

所得税在沙盘中是一个综合概念，大概可以理解成你模拟的企业经营盈利部分所要交的税费。交税满足的几个条件是：

- 经营当年盈利(税前利润为正)。
- 弥补了前面至多 5 年亏损后，仍盈利。

以利润表为计算依据最为清晰，下面以实例说明，如表 5-3 所示。

表 5-3　所得税计算 1

年度	第 1 年	第 2 年	第 3 年	第 4 年	第 5 年	第 6 年
税前利润	−10	50	−20	−30	40	130
所得税	0	10	0	0	0	30
年度净利润	−10	40	−20	−30	40	100

第 1 年亏损不交税。第 2 年盈利 50W，补了第 1 年亏损后盈利 40W，税率为 25%，则所

得税为 10W。第 3、4 年亏损，不交税。第 5 年盈利，但不足以弥补第 3、4 年的亏损，故不交税。此处要注意，第 1 年虽然亏损，但在第 2 年已经弥补，所以第 5 年不需要再次弥补。第 6 年盈利，需要与未交税的第 3、4、5 年累计计算应税利润，为(−20)+(−30)+40+130=120W，所得税为 30W。

总之，从当年开始，与前面连续无所得税年份(最多 5 年)的税前利润累加，得到应税利润，若大于零，则有所得税。

系统中只取整数，出现小数如何处理呢？下面以两个例子说明，如表 5-4 和表 5-5 所示。

表 5-4　所得税计算 2

年度	第 1 年	第 2 年	第 3 年	第 4 年
税前利润	−160	50	111	5
所得税	0	0	0	2
年度净利润	−160	50	111	3

第 3 年累计税前利润为 1W，应税利润为 1W，所得税为 0.25W，四舍五入，当年不交。由于第 3 年没有交，则当年 1W 应税利润要累计到下年，第 4 年税前利润为 5W，应税利润为 6W，四舍五入，所得税为 2W。

表 5-5　所得税计算 3

年度	第 1 年	第 2 年	第 3 年	第 4 年
税前利润	−160	50	115	5
所得税	0	0	1	1
年度净利润	−160	50	111	4

到第 3 年止累计税前利润为 5W，故应税利润为 5W，所得税为 1.25W，四舍五入为 1W。由于第 3 年交了税，所以当年的 1W 未交应税利润不要累计到下年，第 4 年税前利润为 5W，应税利润为 5W，所得税为 1W。

从以上两例看出，即使有小数，还是符合以下原则：从当年开始，与前面连续无所得税年份(最多 5 年)的税前利润累加，得到应税利润，若大于零，则有所得税。

(2) 合理“避税”

了解如何计算之后，自然就会想到利用“四舍五入”这一规则进行合理避税。假设系统采用 25%的税率政策，通过预算发现当年应税利润是$(4N+2)$时，其中 N 为非负整数，可以主动贴现，增加一个贴息，将应税利润减少到$(4N+1)$，所得税将由$(N+1)$减少到 N。两种情况下，年度净利相同，但后者增加了资金流动性，保证了年初广告费的充裕。

最后，再说说交税的时间。税是在年底算出来的，但是税款不是在当年结束时支付，因此报表里“应交所得税”那一项是在负债里体现的。直到第 2 年投放广告费时，税会连同到期长贷本息和广告费一起支付，这个在系统里有明确的提示。有的组在投放广告时系统提示现金不足，无法投放广告，原因就是除了广告费用以外，还要扣除所得税及长贷本息。

6. 申请、更新长短贷与支付利息

融资策略，不仅直接关系到企业的财务费用，还影响企业的资金流。很多初学者就是没有合理安排好长短贷的融资策略，结果要么被高额的财务费用吃掉了大部分的利润，要么因还不起到期贷款而现金断流导致破产。

在分析融资策略之前，必须明确几个基本概念。贷款的目的是为了赚钱，通俗地说就是，利用借来的钱所赚的比所要支付的利息多，此种情况下，借的越多就赚得越多；相反如果赚的钱还不够支付利息，那么借的越多就亏得越多。这就是财务杠杆的作用，因此不贷款绝不是经营企业最好的策略。

那么怎么融资才是合理的呢？教科书上告诉我们，长贷用来做长期投资，比如新建厂房和生产线、市场产品的研发投资等；短贷用来做短期周转，比如原材料采购、产品加工费用等。这自然是最稳妥的方法，但在高水平比赛中，如果仅仅采用这样保守的方案，不一定可以获得最大的收益。

长贷利率通常比短贷利率高，因此尽量使用短贷，可以有效减少财务费用。在短贷的具体操作上，有以下两个技巧。

一是短贷利率为 5%，且利息计算四舍五入，借款数以(20*N*+9)为最佳，其中 *N* 为正整数，因为“9”部分对应利息为 0.45，根据四舍五入规则，恰好可以不计利息。

二是短贷尽量分散在一年中 4 个季度，且只要够用，贷款时间尽量推后，只要权益有保证，就提前一季借新的短贷归还到期短贷，从而保证以贷养贷策略的顺利应用。当然这样做风险也相当高，稍有不慎，由于经营失误，或预算不准，导致权益下降，紧接着贷款额度下降，将导致无法用新的贷款来弥补资金缺口，陷于现金断流而破产的境地。

如果前期大量使用长贷，会导致财务费用过高，从而大量侵蚀企业利润，使得企业发展缓慢。有的组一开始就拉满长贷，结果到了第 6 年要还款的时候，无法一次性筹集足够现金，最终资金断流导致破产。

但这并不是说全部长贷策略就一定会失败。如果可以充分利用长贷还款压力小的特点，前期用大量资金扩大产能、控制市场和产品，那么凭借其超大产能和对市场的绝对控制权，也可以获得巨额利润，加上利用分年长贷的方式(即第 4、5、6 年各还一部分长贷本金)，也可以达到意想不到的效果。

另外长贷使用还有一个小技巧，其利率一般为10%，且利息计算四舍五入，与短贷类似，计算利息本金数以(10*N*+4)为最佳，其中 *N* 为正整数，因为“4”部分对应利息为0.4，根据四舍五入规则，恰好可以不计利息。

企业整体战略决策加上精准财务预算，是决定长短贷比例的重要因素。只要合理调节好长短贷比例，把每一分钱都投入到最需要的地方，让它变成盈利的工具，就可以让借来的钱为我们服务，创造出更多的利润。

7. 原材料更新/入库、下原料订单

(1) 零库存管理

原材料的计算、采购计划排程，是MRP的核心内容之一，也是影响一个企业资金周转率的重要因素。以丰田汽车为首的零库存管理方法得到了很多人的推崇，创造了明显的效益。

为什么要推崇“零库存”管理？因为资金是有时间成本的。通俗地说，在企业经营中，用贷款购买原材料，需要支付利息；在沙盘企业中，原材料库存本身是不会产生利润的，因此原材料库存越多，意味着需要的贷款更多，财务费用也越高，同时降低了资金周转率，所以减少库存是企业节流的一项重要举措。

沙盘模型中，产品的物料清单(BOM)是确定的，且原材料采购的时间周期也是确定的，因此我们可以通过明确的生产计划，准确地计算出所需原材料的种类和数量，以及相应的采购时间。例如P2产品的原材料构成是R2+R3，要在第4季度交1个P2产品，自动线在第3季度就必须上线开始生产了，且R2和R3原材料都要到库。由于R2原材料需要提前一季采购，R3原材料提前两季采购，因此，我们需要在第1季度下1个R3订单，第2季度下1个R2订单，这样就可以保证P2在第三季度需要上线生产时正好有充足的原材料，同时才可以保证第4季度P2产品生产下线，准时交货。

这是最基本的生产采购排程，通过精确计算，做到下每个原材料时都要明白其是什么时候做什么产品用的，这样才可以做到及时制(Just In Time，简称JIT)管理，实现“零库存”目标。

(2) 百变库存管理

实现“零库存”，说明已经可以熟练掌握生产排程。但是“零库存”管理是基于未来需求确定的情况下做的安排，实际比赛中，经常利用柔性线转产来调整已有的一些生产计划以应对变化的市场。因此追求绝对的“零库存”，会暴露一个问题——不能根据市场订单情况及时灵活地调整生产安排。因此在有柔性线的情况下，原材料采购计划应该多做几种方案，取各种采购方案中出现的原材料需求量最大值。

例如现有一条柔性生产线，在第 2 年第 1 季度有可能需要上线生产 P2 产品，也有可能生产 P3 产品。P2 由 R2+R3 构成，P3 由 R1+R3+R4 构成。生产安排不确定，通过分析发现要在第 2 年第 1 季度实现 P2、P3 的任意转换生产，需要在第一季度保证有 R1、R2、R3、R4 四种原材料各一个。

要想充分发挥柔性线的转产优势，必须做好原材料预算，预见可能出现的拿单情况。提前在第 1 年的 3、4 季就做好对原料订购转产库存的准备，同时在第二年减少相应的原材料订单，从而将多订的预备转产的原材料库存消化掉。

做好原材料的灵活采购计划、“百变库存”管理，是保证后期机动调整产能、灵活选取订单的基础，同时需要兼顾资金周转率，才能发挥出柔性生产线最大的价值。

8. 购买/租用厂房

(1) 租厂房 VS 买厂房

规则规定厂房不考虑折旧，如果购买了厂房，则只是将流动资产的现金变成了固定资产的厂房，资产总量并没有变化，而且还可以节约租金，因此如果自有资金充裕则购买厂房比租厂房划算。

以下面规则为例，长贷的利率是 10%，短贷的利率是 5%，厂房规则如表 5-6 所示。

表 5-6　厂房规则

类　型	买　价	租　金	售　价	容　量
大厂房	440W	44W/年	440W	4 条
中厂房	300W	30W/年	300W	3 条
小厂房	180W	18W/年	180W	2 条

各类厂房的租金售价比均为 10%，与长贷利率相同，但长贷利率是一年以后付息，而租金是租入时立即缴纳，显然自有资金不足时，以长贷购买厂房合算。短贷利率仅为 5%，若资金可以周转，以短贷购入厂房更为合算。

第一年初，不仅有初始资金，还有充足的贷款额度，因此通常不会出现资金紧张的局面。而第一年末的权益会直接影响到第二年企业的贷款额度，所以第一年往往会减少费用的支出，想尽办法控制权益的下跌。根据上述分析不难看出，第一年开局即使利用银行贷款来买厂房，也会减少厂房租金的费用支出，对权益的保持是非常有帮助的。当然，如果第一年大规模铺设生产线，则购买厂房可能会导致资金不足。

(2) 厂房类型选择

根据不同类型的厂房，分摊到每条生产线的租金也不同，大、中、小厂房的租金分别为11W/条、10W/条、9W/条，以此为根据，看似小厂房最合算。但小厂房将限制企业的规模，根据厂房数上限为4的规则，最多只能建8条生产线。若建成4个大厂房，最多可以容纳16条生产线，4个大厂房比4个小厂房多付租金104W，只要有市场，多建1到2条生产线就可以赚回，何况最多可以多建8条生产线。

可见，若市场足够大，就应该尽量选择大厂房，多建生产线，同时保证厂房的生产线位不空闲。

(3) 厂房出售与购买(厂房处理)

厂房出售有两种处理方式：一是直接出售，将厂房价值变成4Q应收款，如果厂房内还有生产线的话，同时扣除厂房租金；另一种是通过厂房贴现的方式，相当于直接将厂房出售后4Q应收款贴现，有生产线的同时扣除厂房租金。

本质上，两种厂房处理方式相同，但由于贴现的应收款账期不同，贴息也不同，因此如果可以预见到资金不够，需要厂房出售来变现时，可以提前出售厂房，需要现金时，原来4Q应收款可能变成2Q应收款甚至现金，可以省出部分甚至全部厂房贴现费用。

另外，如果企业资金充足，可以将租赁的厂房买回，以节省租金、提升权益。

9. 新建/在建/转产/变卖—生产线

(1) 生产线的性价比——用数据说话

做沙盘最基本的“功夫”就是计算，正确的决策背后一定是有一系列的数据做支撑的。下面我们就生产线的性价比进行一个讨论，看看究竟怎样建生产线最划算。

以表5-7所示的生产线规则为例来分析。

表5-7 生产线规则

类型	购置费	安装周期	生产周期	总转产费	转产周期	维修费	残值
手工线	35W	无	2Q	0	无	10W/年	10W
租赁线	0	无	1Q	20W	1Q	55W/年	-55W
自动线	150W	3Q	1Q	20W	1Q	20W/年	30W
柔性线	200W	4Q	1Q	0	无	20W/年	40W

自动线最为常用，一般以此为比较标杆。两条手工线产能和一条自动线相等，维修费也相同，而从折旧考虑，两条手工线累计折旧为50W，一条自动线累计折旧为120W，可节约70W。

以此类推，建两条手工线可以多出 70W 的收益，再考虑到手工线不用安装周期，两条手工线可以比自动线多产出 3 个产品，以 40W 的毛利算，又多出 120W 的收益，累计可以多出 190W 的收益。这样看来，是不是手工线更合算呢？不一定，两条手工线比一条自动线多占了一个生产线位，如果市场够大，多出的生产线位可再建一条自动线，这完全可以赚出 190W 的利润。因此，如果市场够大，极端地讲，若可以容纳 16 条自动线，当然要用自动线；如果市场不大，只能容纳最多 8 条自动线，可以考虑改建手工线，还可以考虑两类生产线的组合。也需要注意手工线有转产优势。

柔性线与自动线相比呢？柔性线购买价格比自动线贵了50W，如果可以用满 4 年，相当于柔性线比自动线贵 40W。从规则中可以知道，柔性线的优势在于转产，那么我们假设自动线转产一次，这个时候需要停产一个周期，同时需支付 20W 的转产费。由于柔性线安装周期比自动线多一个，因此停产一个周期也相当于基本持平。这个时候自动线仍然比柔性线少支出 20W。但是如果自动线开始第二次转产，则又需要停产一个周期和 20W 的转产费，很显然，柔性线可以比自动线多生产出一个产品，自然更具优势。

租赁线是非常特殊的一类生产线，兼具手工线和自动线的优势，建设时不需要任何投入，仅需在年末支付 55W 维修费，比自动线多出 35W 的维修费，再扣除自动线 30W 折旧费，两者相差 5W，若用 5 年，则仅相差 25W。但其不需要安装周期，可以比自动线多产出 3 个产品，完全可以赚回来这 25W，而且其前期资金压力小，优势不可小觑。但租赁线不计小分，若不及时处理更换，一直使用到比赛结束，可能对总分影响较大，反而不利于排名。

10. 紧急采购

紧急采购规则相对不起眼，甚至很多队伍都忽略了，认为一旦涉及，就是亏本的买卖，不能做。事实上，恰恰是这个不起眼的小规则，在选单和竞单中，可以出奇制胜。

例如在选单中，第 5 年和第 6 年的国际市场，P1 产品均价可以达到 60W/个，紧急采购价也是 60W/个。这就意味着，选单时如果出现大单而产能不够，完全可以利用紧急采购来补充；另外还可以利用这种类似代销模式，扩大在该市场的销售额，从而帮助企业抢到市场老大的地位。同样别的产品也是如此，通过紧急采购可以无形中扩大产能。

另外在竞单规则中，产品最大销售价格可以是直接成本的 3 倍，因此如果接到的订单是直接成本 3 倍的价格，即使产能不够，也可以利用紧急采购来弥补；同时紧急采购是随时可以购买且立刻到货的，所以在交货期上有一定优势。

但要注意，用紧急采购来交货并不是没有副作用的，即使权益上没有损失，也会导致现金变成应收款，流动性上遭受损失。

11. 按订单交货

合理安排订单交货时间，配合现金预算需要，可以起到“削峰平谷”，减少财务费用的效果。通常来说，产出了几个就按订单交几个，尽量多地去交货，但是有的时候，还应该参考订单的应收款账期，使得回款峰谷与现金支出峰谷正好匹配。

例如已经获得了两张订单，其中一张订单为 4 个 P1 产品，总额是 200W，账期为 3Q。另外一张订单为 3 个 P1 产品，总额是 150W，账期为 2Q。假设有 2 条自动线，第 2 季度正好生产出了 4 个 P1 产品可以用于交货，通过预算发现，第 4 季度的研发费和下一年的广告费不足，可能会导致资金断流。此时，如果交 4 个 P1 产品的订单，则在第 4 季度时货款还是 1Q 应收款，须贴现，但会增加财务费用。第 2 季度如果不是产多少交多少，而是充分考虑订单账期因素，则预算发现第 4 季度有财务压力后，先交 3 个 P1 产品的订单，那么在第 4 季度就可以将 150W 的应收款收回，正好可以满足研发费、广告费的需求，避免贴现产生财务费用。

因此合理安排订单交货的时间和顺序，关注订单的应收账期，可以起到“节流”的效果。

12. 产品研发投资

实际操作中有的企业一上来还没考虑建生产线，就先研发产品，结果产品研发完成了，可生产线还没建成，导致无法正常生产；或者生产线建好了，但产品研发没完成，导致生产线白白停工。

产品研发按季投资，生产线也是按季投资。理想的状态应该是产品研发刚完成，生产线恰好建成可以使用。

如表 5-8 所示，P1 产品资格并不是从第 1 季度开始研发，因为那样即使在 3 季度研发成功了，根据生产线的投资规划，也没有生产线可以生产。P5 要到第 2 年第 1 季才能完成投资，则生产线从第 1 年第 3 季开始投资。

表 5-8 产品研发与生产线投资

项目	第 1 年				第 2 年			
	1 季	2 季	3 季	4 季	1 季	2 季	3 季	4 季
P1 资格投资			10	10				
自动线(产 P1)		50	50	50				
P5 资格投资	10	10	10	10	10			
自动线(产 P5)			50	50	50			

13. 厂房贴现/应收款贴现

关于贴现，很多人都认为是增加财务费用的罪魁祸首，只有在资金周转不灵的时候，才会被迫选择使用。

果真如此吗？其实未必。与贷款相似，贴现也是一种融资方式。贴现可以分两种情况：一种是在现金流遇到困难时，被迫应收款贴现或者厂房贴现，如果不贴，资金将会断流——属于被动贴现；另一种是主动贴现，如在市场宽松、资金不足的情况下，主动贴现以换取宝贵资金用于投入生产线的建设和产品的研发，从而迅速占领市场、扩大产能和市场份额。

被动贴现企业处于以贴还债的境地，本季度的现金不够，就将下个季度应收款贴现，下个季度又出现财务危机则需要再次贴现，这就陷入了连环贴现的怪圈之中。

主动贴现则不同，往往都是用于扩大企业生产规模和市场份额，追求利润最大。贴息和利息一样都属于财务费用，只要其创造出比财务费用更高的利润，就是有价值的。

14. 季末数额对账

一个有经验的团队，都会在操作前做好全年预算。但在具体操作时偶尔也会出现低级错误，比如忘记在建工程继续投资、忘记下一批生产等，如果到年底才发现，很可能就已经造成无可挽回的损失了，因此每个季度末的对账是对该季度计划执行的一个检验，可以帮助企业及早发现问题。

季末盘点现金的另一作用是通过分析季末现金，大概计算出企业资金使用效率。很多新人在经营初期都喜欢保留很多现金在手上，觉得很有“安全感”。事实上现金是流动性最好、收益性最差的资产形式，再多的现金握在手中，无论多少年，也不会增加利润。但是现金对于企业来说就像人的血液，万万不能缺少，现金断流意味着破产。因此在保证现金流安全的前提下，应尽可能降低季末结余现金，提高资金使用效率，甚至在计算精准的前提下，将季末现金做到零，也将资源用到了极致。

15. 缴纳违约订单罚款

违约、交罚款，一般来说不是好事。但特殊情况下，结合特殊战术，如有竞单市场，则可以化腐朽为神奇。

竞单规则中，产品总价由各队在直接成本1～3倍区间自行填写。因此即使已经在选单市场拿了订单，只要竞单价格足够高的话，违约选单也是合算的。

例如：在选单市场接了一张4个P3、总价320W的订单，违约需要缴纳总价的20%，即64W违约金，再加上10W的竞单费用，4个P3违约成本价是(320+64+10)=394W。在竞单市场，

1 个 P3 可以最高卖到 120W，如果高于 394W 总价竞得 4 个 P3 的订单就不亏，最高出价可达 480W，可能还会多赚一些利润。况且竞单市场账期和交货期更有灵活度，同时可让对手猜不透你的真实产能。

16. 支付设备维护费、计提折旧

折旧是逐年计提的，当净值等于残值时，就不需要继续计提，且生产线可以继续使用，因此很多时候看到设备已经折到残值时，会舍不得卖掉。设备修护费是根据设备的数量来收取的，只要建成，无论有没有生产都需要支付。维护费年底收取，因此如果在年底结账之前就将设备卖掉，就不需要支付了。根据这样的规则，如果比赛最终只看权益，不考虑其他综合得分的情况下，卖掉部分生产线比较有利。

例如，第 1 年第 2 季度开始投资新建自动线，连续投资 3 个季度，在第 2 年第 1 季度完工建成，当年净值为 150W。根据建成当年不折旧的规则，这条自动线在第 3、4、5 年分别计提折旧 30W，那么到第 6 年底，净值 60W。如果第 6 年不卖，年末计提折旧后，该自动线的剩余净值为 30W；如果第 6 年年底直接卖掉，可以收回相当于残值的 30W 现金，另外 30W 算为损失。

比较上述两种方法，从资产角度看是一样的。但如果没有生产线出售，年底需要支付维护费，出售生产线则不必支付，从而节约了维护费。注意，该方法只针对净值等于残值或者当年折旧后净值等于残值的生产线。如果这条自动线是第 3 年建成的，那么到第 6 年底还有 90W 的设备净值，出售会导致 60W 的损失，就得不偿失了。

还有一种情况，前期因为资金紧张，上了手工线，后期市场比较大，淘汰手工线是否合算呢？以 P2 为例，一年下来手工线产量为 2，可以带来的毛利只有 80W，扣除维护费 10W，净毛利为 70W；而自动线产量是 4，一年带来的毛利是 160W，扣除维护费 20W，净毛利为 140W，两种情况相差 70W。手工线累计折旧是 30W，自动线是 120W，也就是说自动线投资要多 90W，另外改建生产线需 3 季，手工线可以产出 1.5 个产品，毛利有 60W，也就是改建的话自动线相当于多投资(60+90)=150W。综上分析，如果自动线还可以再用两年多一点改建就是合算的。

17. 商业情报/间谍

“知己知彼方能百战不殆！”自古兵家谋略都极其重视竞争对手的情报收集。沙盘虽小，但想要在激烈的竞争中脱颖而出，除了做好自己，还必须收集商业情报，时刻关注对手，针对其弱点制定策略。

商业情报应该了解些什么？简单地说就是把别人的企业当成自己的企业来关注，通过间谍和观盘时间，尽可能多地记录对手信息，比如现金流、贷款额度、ISO 资质认证、市场开拓、

产品研发、原材料订单及库存、订单详情、生产线的类型、成品库存等，然后一组一组地分析，找出真正的竞争对手。

其中最重要的是分析提炼出竞争对手各种产品的“产能”和“现金流”，这两个要素是选单博弈的关键。通过竞争对手的生产线情况以及原材料采购情况，可以推测出对手的最大产能及可能的转产计划，甚至精确到每个季度可以产出几个某类产品。只有这样才能在市场博弈中，推断出对手策略，并针对性地采取遏制或规避战术。同样，对现金流的密切监控，可以分析出对手可能投放的广告额及拿单策略，这些信息为自身决策提供了重要依据。

订货会中，除了选好自己的单，同时还要密切关注主要竞争对手的选单情况，不仅要记录他们销售的数量，交货期和账期都要做密切关注和记录。尤其在有竞单的情况下，关注对手的选单，就可以分析出他们在竞单市场的拿单能力，从而可以有针对性地制定竞单策略。

5.2 常用策略[1]

经营企业最为重要的一个环节就是公司的经营战略，经营什么？如何经营？怎样才能获取最高的利润？这是每一个公司决策层首先需要考虑的问题。很多企业在经营伊始就犯下了致命的错误，所以在经营过程中绞尽脑汁也无法使企业走出困境。为了让读者在起跑线上就能赢得先机，笔者下面将列出几套成功的经典策略供参考。

策略一：P1、P2 策略

优势：该策略的研发费用较低，仅为60W，能有效地控制住综合费用，进而使得利润、所有者权益能够保持在一个较高的水平，这样对于后期的发展非常有利。依照笔者的经验，第一年的所有者权益控制在 440W 到 450W 为最佳，第 2 年实现盈利后，所有者权益会飙升至 570W 以上。笔者就曾以此策略在第 3 年扩建成 10 条生产线，这是迄今为止扩大产能速度最快的一种策略。即使环境恶劣到第 2 年一个产品都没有卖出去，依然可以轻松坚持到下一年。如果要迅速扩张，以产能来挤压竞争对手的生存空间，此策略无疑是最优的。

劣势：该策略的优势非常明显，但劣势则不易察觉。使用该策略可以在前期建立很大的优势，但在后期通常神不知鬼不觉地被超越，这类例子下到普通训练赛上至国家级比赛不胜枚举。原因有二：一是 P1、P2 策略在后期缺乏竞争力，利润显然不如 P3、P4，被所有者权益相差 200W

1 本节所述策略针对系统中自带订单，P1、P2、P3、P4 开发费时间分别为 2 季、4 季、6 季、6 季，开发费为 20W、40W、60W、120W，以商战、600W 初始权益为例。

以内的对手反超不足为奇；二是用此策略建立起前期优势后，难免有些心理上的松懈，赛场如战场，形势可能一日数变，如果在处理对手的信息时缺乏足够的细心和耐心，被对手在细节处超越的可能性也是很大的。

关键操作步骤：以600W初始权益为例，操作如下(本操作步骤只做一般性参考，读者切不可犯教条主义错误)：

(1) 第1年

第1季：研发P2扣10W，管理费扣10W，现金余额为580W。

第2季：购买小厂房扣300W，新建2条P1自动线和2条P2自动线扣200W，研发P2扣10W，管理费扣10W，现金余额为60W。

第3季：借入短期贷款加200W，订购原材料R3数量为2，建生产线扣200W，研发P1、P2扣20W，管理费扣10W，现金余额为30W。

第4季：借入短期贷款400W，订购原材料R1、R2、R3数量分别为2、2、2，建生产线扣200W，研发P1、P2扣20W，管理费扣10W，开拓全部市场扣50W，ISO开发9K扣10W，现金余额为140W，所有者权益为440W。

(2) 第2年

年初本地P1投10W，P2投30W；区域P1投10W，P2投30W。借入长期贷款100W。

第1季：到货原材料R1、R2、R3数量分别为：2、2、2，扣60W，订购原材料R1、R2、R3数量分别为：2、2、2，生产2个P1、2个P2，管理费扣10W，现金余额为250W。

第2季和第3季省略。

第4季：开拓国内、亚洲、国际市场；ISO开9K，开14K需视权益的多少而定。

在卖出6个P1、5个P2产品后最终权益可以达到570W。

(3) 第3年

贷款全部贷出，将所有应收账款拿出贴现，订单应多接小单，最优是每季产出就能卖出，其余细节就不赘述了。

使用环境：主要用在初学者的比赛中，当对手大多采用P3、P4时也可运用该策略。

策略二：P2、P3策略

这套策略可以称之为攻守兼备，推荐选择2条柔性线，P2、P3各有一条自动线。

优势：此策略的优势在于使用者可以在比赛全程获得产品上的优势：P2在3、4两年的毛利可以达到50W/个，这时可以用3条生产线生产P2，达到利润的最大化；后期P2的利润仍然保持在40W/个左右，而P3利润为45W/个左右，差距不是很大。此外，P2柔性线转产可使后期 P2 生产线只有 1 条，极大地增加了转产其他产品的机动性。所以，该策略的优势概括起来就是全程保持较高的利润，无论战况如何都能处于一个有利的位置。

劣势：这套策略虽然可以使经营趋于一种稳定的状态，但倘若想要有大的作为，必须要再添几分筹码，如后期扩张时多开几条 P4 生产线。

关键操作步骤：

- 因为 P3 最快也要到第 2 年第 3 季度才能投入使用，所以应该把一条 P3 的生产线设置在第 3 季度刚好能够使用，这样才能最大限度地控制现金流。
- 倘若读者考虑到广告等问题觉得在第 2 年生产 P3 没有什么必要也可以缓一下，到第 3 年生产 P3，这样可以省下一条生产线的维护费用，折旧也可以推迟，需要注意的是这里也要做到生产线和研发的匹配，严格控制现金流。
- 第 1 年市场可以考虑不全开，因为产品的多元化已经能够起到分散销售产能的作用，大可不必亚洲、国际市场全开；ISO 方面，P2、P3 对于 14K 要求不严格，可以暂缓，但是 9K 一定要开，因为第 3 年市场往往会出现 9K 要求的订单，拥有认证就能占得先机。
- 第 2 年由于市场较小，P2 产能过大，可以考虑提高 P2 广告，初学者比赛建议每个市场 40W、50W 足够，高级别比赛则要仔细斟酌。

使用环境：当所有产品的对手分布比较均衡，或者 P1、P4 市场过于拥挤可以使用此策略。

策略三：纯 P2 策略

P2 是一个低成本高利润的产品，前期倘若能卖出数量可观的 P2 产品必定能使企业腾飞。

优势：开发 P2 产品所需成本仅为 30W，而 P2 产品利润均在 35W 以上，最高的 3、4 两年单个产品利润可以超过 50W，即便后期的 5、6 两年 P2 产品的利润也在 40W 以上，倘若可以在前期拿到足够的订单，可以迅速崛起。

劣势：由于 P2 产品的利润相当高，觊觎这块“肥肉”的人自然不在少数，所以极有可能造成市场紧张，以致拿不到足够的订单，风险颇大。

关键操作步骤：

- 前期由于市场比较紧张所以推荐小厂房，第 2 年开发完成 3 条 P2 产品生产线，第 3 年再加 1 条。
- 第 2 年的广告多多益善，但总额最好不要超过 100W。
- 市场开拓方面建议全部开拓，ISO 在第 1 年的时候 9K 可投可不投，第 4 年再开也无妨，14K 前期不要开，可在第四年以后开。

➢ 扩建生产线的速度越快越好，因为战机就在 3、4 两年，不可错过。

使用环境：P2 产品的市场不是很紧张就好，P2 产品生产线占总体的 40%以下均可使用。

策略四：纯 P3 产品策略

纯 P3 策略堪称经典。原因有二：一是只研发 P3 产品的费用不高，只有 60W；二是第 3 年以后 P3 产品的市场颇为可观。

优势：无论何种程度的比赛 P3 产品似乎都是一块“鸡肋”，表面上看来是“食之无味，弃之可惜”。但如果读者能够静下心来仔细揣摩参赛者的心理就可以明白，P3 产品前期不如 P2 的利润大，后期不如 P4 的利润大，况且 P3 产品门槛不太高，这都是 P3 产品的明显的缺陷。正是由于这些缺陷才导致了 P3 产品从来不会过于显眼，所以使用纯 P3 产品策略往往可以起到规避风险的效果，这样就可以大大降低市场广告费用的投放，变相提高了产品的利润。此外，P3 产品后期利润有所增加，市场很大，因而可以建成多条生产线。笔者就曾用这套策略在训练赛中击败 3 名高手。

劣势：因为 P3 产品的研发周期较长，所以在第 2 年卖不出多少，第 2 年真的要生产的话会面临生产线维修等诸多问题，需要考虑。从第 3 年开始生产的话就会导致权益太低，前期被压制，心理压力大，一旦失手就会输掉比赛。因此，选择这套策略一定要沉着稳定，具备很高的心理素质。

关键操作步骤：

➢ 推荐在第 3 年生产 P3 产品，买小厂房，建 4 条自动线，这个时候市场很大，不需要多少广告就可以卖光产品。

➢ 市场要全部开拓，因为产品集中。

➢ ISO 研发选择 9K，第 3 年要拥有资格，14K 可放弃。

➢ 如果生产 P3 产品的对手过多可在第 4 年以后增加两条 P1 产品生产线，以缓解压力。

➢ 在第 2 年生产 P3 产品也可以，因为这样在第 3 年可以比别人多产出一季度的 P3 产品。

使用环境：在 P2 或者 P4 被普遍看好的情况下，或者参赛队生产 P3 总量不足需求量的七成时。

策略五：纯 P4 产品策略

纯 P4 产品策略绝对可以称为一个险招，所谓“不成功则成仁”。

优势：很明显，P4 产品的利润巨大，当你每卖出一个产品都能获得比别人多 10W 以上的利润时，1 条生产线可以多 40W，4 条就可以多 160W。比赛前期的 160W 意味着什么？意味着你可以多贷出 480W，480W 的贷款就可以多建 3 条生产线，一般来说前期的 50W 差距到后期就可以扩大到 200W 以上，何况是 160W。此外 P4 产品还有一个优势就是要进入这个市场比进入 P3 产品市场难多了，不仅多了 60W 的研发费用，原料成本也是很大的，所以如果对手不在初期进入市场，后期是基本进不来的，一旦前期确立了优势，那就意味着胜利到手了。此外 P4 产品的单价极高，倘若比赛规则中有市场老大，则使用纯 P4 产品可以轻易拿到市场老大，从而以最低的广告成本选择最优的订单。

劣势：因为纯 P4 产品的前期投入很大，所有者权益损失就很大，所以往往要采用长期贷款策略，这就背负了很大的还款压力。而且 P4 产品的市场容量较小，所以，一旦前期对手较多则可能导致优势减弱或者全无，陷入苦战之中，那么结局就会很悲惨。例如，2009 年全国总决赛中，本科组 28 支队伍中研发生产 P4 产品的队伍在第 2 年达到了 16 支，这直接导致了所有走纯 P4 产品路线的队伍在第 4 年就退出了竞争的行列，无一幸免。

关键操作步骤：

- 前期需要借长期贷款，对于初学者来说基本上要借出 1500W，控制长期贷款的利息是很困难的，一定要小心谨慎。
- 可以使用短期贷款，但真的是很困难，不建议初学者使用。
- 倘若竞争对手很多，一定要在市场上挤垮对手，因为 P4 产品在前期市场比较紧，只要有一次接不到合适的订单基本就很难生存下去了，能坚持到最后的才是王者，所以，千万不要吝惜广告费。
- 如果要运用短贷的话，前期一定要控制权益，ISO 不要开，市场可以缓开一个，等到第 3、4 年缓过来再开也不迟。

使用环境：P4 产品市场不是很挤，P4 产品生产线占总生产线数的 25%以下可放心使用。

策略六：P2 产品、P4 产品策略

这套策略可以视为保守的 P4 产品策略，道理浅显易懂。

优势：前期在 P4 产品订单不足时可以将一定的产能分散到 P2，保证了第 2 年的盈利，这样就可以解决纯 P4 产品全借长贷问题，至少可以部分使用短期贷款。第二年的利润大大地增加，扩建生产线的速度可以提高。此外 P2 产品、P4 产品的搭配对于夺取市场老大也是很有帮助的，两个产品进攻同一个市场，一般对手根本挡不住。

劣势：前期研发费用有 160W，太高了，而且生产这两种产品的生产成本很高，资金周转速度太慢，需要较高的控制水平。

关键操作步骤：

- 第 1 年短贷在第 3、4 季度各借 200W，第 2 季度买小厂房 300W，建 2 条 P2 产品线，第 2 季度开建第 4 季度完成投资，建 2 条 P4 产品线，第 4 季度开建下年第 2 季度完成，市场开 4 个，ISO 不开，保持 400W 的所有者权益。
- 第 2 年广告尽可能少投，长贷不借，各季度短贷分别为 200W、400W、400W、200W，市场全开，ISO 视所有者权益的多少开拓，权益在 470W 以上可以全开。

使用环境：该策略适用于有“市场老大”且 P4 产品竞争对手较多时，当然也要根据市场环境适当进行调整，灵活把握，避免教条主义错误。

5.3 2008 年第四届全国大学生创业设计暨沙盘模拟经营大赛夺冠心得[1]

2008 年 7 月，三秦大地骄阳似火，来自全国百所高校的企业模拟经营沙盘鏖战在这里如火如荼地展开着。经过两天的激烈厮杀，我们湖南科技大学代表队终于获得了冠军。今天，沙盘战场的硝烟早已落幕，随着记忆的窗帘慢慢打开，这段难忘的回忆又仿佛带着我回到了四年前的古城西安，细细品味那其中的酸甜苦辣。

1. 网络热身、积极备战

话说经过湖南省赛的一番生死鏖战，我们终于在众多高校中力拔头筹，杀入决赛。但是听前一年参加过国赛的一位老师介绍，国赛中藏龙卧虎，高手如云，因此获得湖南省代表权后，除了激动和喜悦，我们更多的是感受到了来自国赛的压力。为了能够在国赛中有一个好的发挥，我们想尽办法在网上四处搜索比赛信息，学习比赛经验。

通过一段时间的网上模拟比赛，我们从刚开始逢赛必输、手忙脚乱、成绩垫底，到后来可以做到一个人独立运营一家公司——从广告拿单到资金预算，从采购原料到规划生产，半小时就可以经营完一年。我们的沙盘技术水平有了质的飞越，更重要的是，在交流中增长了见识，结识了一群志同道合的“沙友”，增强了我们对比赛的信心。这里小小地“广告”一把，欢迎大家访问沙盘交流论坛——沙迷之家，网址：www.erpsp.cn。

1 本心得针对的是老创业者系统，故现金单位为 M。作者系湖南科技大学毕业生楚万文。

时间在不知不觉中就流逝了，很快离比赛只有最后一周了，组委会召开网络会议，公布国赛规则和市场预测。最后的日子里，我们在老师的带领下，进行了为期一个星期的魔鬼式封闭训练。

我们对市场情况进行了详细的分析，列出所有的产品组合，再根据不同的情况进行资金预算及广告策略的设计，初始资金从 55～70M 的开局方案，我们几乎都逐一进行了推演。经过验算，将效果不理想的方案逐一排除。偌大一个训练室的黑板上密密麻麻写满了我们推导的方案数据，甚至在我们去西安比赛的火车上也是一路都在推演方案。经过这样的大量推演，不仅大大提高了我们的计算能力，更使得我们的方案组合及对可能出现的紧急情况的处理能力有了明显的提高。

2. 剑走偏锋、狭路亮剑

经历了数天方案推演之后，我们总结出以下情况。

P4 产品前期利润极高、市场需求量大，是典型的金牛产品，虽然后期需求量逐渐减少，但是只要配合 P1 或者 P2 成长型产品做一些均衡，是一条非常稳健的发展之道，但如果大家都看好这套方案，那么势必会造成非常惨烈的恶性竞争，可能是皆输的结果。

而相比较起来，P3 产品的利润不但没有 P4 那么丰厚，而且市场需求量，特别是初期的需求量少得可怜，如果不能有一个很好的销售支持，将会遇到资金流的瓶颈，即使配合 P1 或者 P2 产品分担销售压力，仍然存在很大的风险，但只要可以挺过前三年，后期随着各个市场对 P3 产品的需求开始放量，发展会非常诱人。

由于国赛中将生产线的维修费设置成每年 2M/条，直接打压了前期本就不多的利润空间，因此在初始资金比较紧张的情况下，前期不可能同时生产 P3 和 P4 的产品，这就意味着必须在决策之初就做出一个明确的产品选择。

我们讨论了很久，迟迟不敢轻易决断。到底是冲着 P4 这块大“蛋糕”去呢？还是冒险走一条小市场的 P3 之路？为了做出合理决策，我们又对市场容量进行了测算，由于前期 P3 市场需求很小，发现如果有 9 家以上做 P3，第二年就不能顺利将产品卖完，那么 P3 的风险会很大。反过来，如果有超过 17 家以上做 P4，由于竞争太过激烈，则 P4 的风险会非常大。

分析后，我们最终决定，剑走偏锋，冒险博 P3 的方案。方案定了，如何最大限度地保证 P3 方案的成功实施呢？我相信能够进国赛的队伍，大部分都是具备相当实力的，大家都会在比赛前做足准备，那也就意味着，我们分析的 P3 或者 P4 方案在别人眼里也是同样的两难选择。比赛在即，各个队伍都对自己的方案讳莫如深，生怕被别人知道。这时不禁让我想起“狭路相逢勇者胜”这句话。勇于率先“亮剑”的队伍才可能吓退对手，获得主动权。只要可以吓退一家原打算做P3的队伍，那么就会多逼一个对手做P4，自然胜利的天平就会向P3倾斜。

打定主意后，我们在比赛刚刚进场的时候，就非常高调地去裁判处领取了5条自动线生产P3。果不其然，在别人眼里我们这一近乎疯狂的行为，马上引起了赛场中一些恐慌情绪。在我们身边的一个队伍，原本也打算做P3产品，见到情况不对，最终选择了P4。逢敌先“亮剑”，给我们带来了先发优势。

另一方面，我们还留了一手。虽然我们非常高调地拿了5条自动线做P3，但是电子系统中却迟迟没有进行任何操作——我们在“亮剑”的同时，给自己留了一条后路。初始年所有流程都是事先预设好的，鉴于我们平时的训练，完整点完不会超过3分钟。因此，我们决定先等别的组操作，当剩最后15分钟时，通过系统的间谍功能来观察对手，如果一旦发现局势不利于P3产品，马上采取P4产品方案进行操作，这样可以保证我们不至于输在起跑线上。

最后，正如我们所料，P4产品竞争异常激烈，后来甚至发生投5M的广告费都没有办法拿一张订单的情况，当然这是后话。

通过剑走偏锋、狭路亮剑，再加上按兵不动的策略，我们获得了一个很好的开局。可是正如老子说的“祸兮福之所倚，福兮祸之所伏”，骄兵必败，接下来发生的事情，让我们深受打击。

3. 乐极生悲、塞翁失马

都说一个好的开局等于成功的一大半，可是正当我们欢呼雀跃的时候，乐极生悲的事情发生了。市场中埋伏下了一张利润相当可观的3Q交货的P3订单。而国赛规则采用的是创业规则，P3的研发周期为6Q，第二年的第三季度P3产品刚刚上生产线，即无论如何都无法在第二年的三季度交货。这是一个很简单也很明显的陷阱，甚至比赛前一天当我们拿到市场预测时，都玩笑地说过：比赛中肯定会设置这样的陷阱。可偏偏在关键的时候，意外发生了。我们一上来就选了张2个P3、总价18M、交货期为3Q的订单。这就意味着在这一年，要接受5M的违约罚款，这对一个60M初始权益的公司来说，无疑是晴天霹雳。更何况是在国赛这样高手云集的比赛环境中，任何一点小失误都会导致最后的失败。我们的心情也像云霄飞车一样，从高空垂直坠落。

意外发生了，整个团队突然陷入了沉默。回想起两个多月来的辛苦付出，谁都不愿意相信刚刚看到的胜利希望就被我们自己的鼠标轻轻一点扼杀了。虽然每个人的心情都异常沉重，但是关键时刻，队员们没有一句埋怨，没有一丝气馁，“没关系，我们继续！”一句简单的话语，把我们还没来得及落下的眼泪拉了回去。“比赛还没有结束，我们还有希望！”很快我们相互安慰，彼此鼓励，调整好心态，第一时间对原有计划进行了调整。

紧接着，区域市场里，我们拿到了最大的 4 个 P3 的订单；由于没有顺利拿到 5 个 P3 的订单，对原来都已经投资了一期的 5 条全自动线，只继续投资其中 4 条，这样就可以少交一条生产线一年的维修费和折旧；财务将原来的预算第一时间重新演算，调整了长短贷的比例……

我们比任何一个“守财奴”都更苛刻地要求自己，每省下 1M 的费用都会让我们兴奋不已，每个人的脸上都写满了认真，每个人眼里透露出来的都是坚强！这一刻，我们空前的团结，整个团队的士气因为这一突如其来的意外变得空前高涨，因为我们怀着梦想而来，我们不愿意梦想这么快就破灭。我们能行，我们要创造奇迹！

团队的凝聚力也许在平时并不会表现出来，但是当真正面临危机的时候，只有一个团结的队伍，才有可能战胜困难。也正是有了这一挫折，使我们的团队空前的团结，让我们在后面的比赛中，无论是计算、操作还是战略安排，都基本上做到了零失误。因此事后回想起这次意外的失误，我们会半开玩笑地说：“真是塞翁失马，焉知非福啊！”

4. 打破常规、实现翻盘

危机过后，虽然我们一直努力追赶，但是，毕竟起始的重创，让我们在 26 个队伍中始终徘徊在中游，如果没有突破常规的策略，将很难超越已经遥遥领先的竞争对手。

时间来到第五年，本届国赛刚刚推出的竞单方式马上就要上演——客户只提供所需的产品及数量，具体的价格、交货期和账期都可以自己填写，通过暗标的形式，价格低、交货期早、账期长的公司获得订单，最高价格可以是直接成本的 3 倍。丰厚利润诱惑着所有人，但又同时提醒着大家，如果全部将宝押在竞单上面，那么，一旦出现竞争激烈、相互压价的情况，不仅仅无法获取满意利润，更有成品积压的风险。

高风险带来高回报，这是我们殊死一搏的机会。但是怎么合理安排竞单的数量，怎么合理填报价格等竞标参数，成了我们首先要思考的问题。每一年结束，我们团队五个人全部出去，每人负责五家对手公司的信息搜集，从产能、库存到现金、贷款，甚至连对手的采购计划也逐一记录。然后在短短的 10 分钟内，将各家公司的信息进行汇总分析，过滤出主要的竞争对手。再通过对产能的分析，以知道对手公司什么时候可以交多少个什么产品；通过对现金流的分析演算，可以分析出对手公司对账款回收期会有怎样的安排，哪里会出现现金断流的压力；通过对市场及认证的分析，可以得出对手公司可能的广告投入方向和金额。经过这一系列的分析后，再对照自身的优势(当时我们已经拥有了 ISO 9000 和 ISO 14000，市场全部开拓完成)，我们决定将重点放在竞单市场上。

只了解对手还远远不够。第四年年末，由于 P3 产品一直处于蓝海状态，所以有的公司已经全线生产 P3 产品，产能高得吓人。面对这样疯狂的市场搏杀，如果没有好的博弈策略，也很难在这场较量中胜出。因此我们做出了一个大胆的决策。由于竞单市场的巨大诱惑，选单市场相对就比较轻松。我们首先在选单市场消化掉一半左右的产能，留一半产能到竞单市场伺机而动。这样即使竞单市场竞争异常激烈，也可以保证企业正常运营。

可是这毕竟是国赛的舞台，如果仅凭常规的方式，很难在强队如林的比赛中实现翻盘，这就要求我们必须打破常规，发散思维。在比赛期间我们终于想到了一招撒手锏，就是巧妙地利用规则中紧急采购和违约这两个不起眼的规则。

如果我接到的订单是直接成本3倍的价格，那么我即使自己在数量上不够，也可以利用紧急采购来弥补，因为紧急采购成品也就是直接成本3倍的价格，这样就不需要担心产能不够了，同时还可以在交货期上占有一定的优势。

对于违约规则的利用也是同样道理，例如我在选单市场接了一张4个P3、32M的订单，如果违约的话需要缴纳总价的30%，也就是9M的违约金，再加上1M的竞单费用，也就是说4个P3违约后的机会成本是42M。而在竞单市场，1个P3可以最高卖到12M，如果在竞单市场我可以用42M以上的价格拿到4个P3的订单，我就不会亏损，如果可以满额48M获得订单的话，即使违约了前面选单市场的订单，仍然还有得赚。况且竞单市场的账期和交货期有更多的灵活度，还可以让对手猜不透你真正的产能，从而达到压制对手的目的。

在充分利用规则的情况下，经过第5、6年的竞单市场拼杀后，我们通过精准的计算和成功的竞单博弈策略，连续两年净利润接近70M，实现了惊天逆转，最终获得了冠军。

5. 人生似沙盘、沙盘似人生

获得冠军的心情此时此刻想起来还是异常的激动。从第一次选单的失误，到过程中的不断拼搏，让我感触很深。要说沙盘有没有必胜的秘诀，我认为，制胜的公式就是：

$$胜利 = 计算 + 博弈 + 不犯错$$

- 计算：包含了我们常说的预算和“用数据说话”。也就是我们通常说的基本功，包括报表、预算、分析市场等。
- 博弈：沙盘的精髓，在于对市场、产品的分析基础上，摸清对手战略、广告甚至拿单策略等。
- 不犯错：很多人貌似觉得这点是最微乎其微的，其实不然。很多时候我们会说某队运气不好，某队太背时了。其实根源上，都是因为犯了错。

总而言之：一个好的财务(计算)可以保证公司不死，一个好的市场(博弈)可以让公司壮大，在前两个条件差不多的情况下，不犯错或者少犯错的队伍就可以获得胜利了！

我们不难发现沙盘比赛中其实有很多“道”的存在，也就是我们经常说的规律和方法。

比如古人告诉我们的“万事预则立，不预则废。”没有好的预算，没有走一步看三步的眼光，只能像哥伦布发现新大陆那样——要去哪里？不知道！在哪里？不知道！去过哪里？不知道！这样“哥伦布式”的决策方式，很难在沙盘比赛中获得好成绩。

再比如我们常说的“用数据说话”。在沙盘里，最重要的法则之一，就是凡事要用数据检验。制定大的战略更是如此，要经过严谨周密的计算，提供详实可靠的数据支持决策。否则只能沦为“四拍”式管理——拍脑袋决策，拍胸部保证，拍大腿后悔，拍屁股走人。

人生似沙盘，沙盘似人生。就像老子的《道德经》里的开篇一样：道可道，非常道！还有很多类似的方法需要我们慢慢体会，如果我们从沙盘中可以悟出一点“道”，甚至将“道”运用到学习生活中去，就非常有价值了！

2008 年第四届国赛本科市场预测如图 5-1 所示。

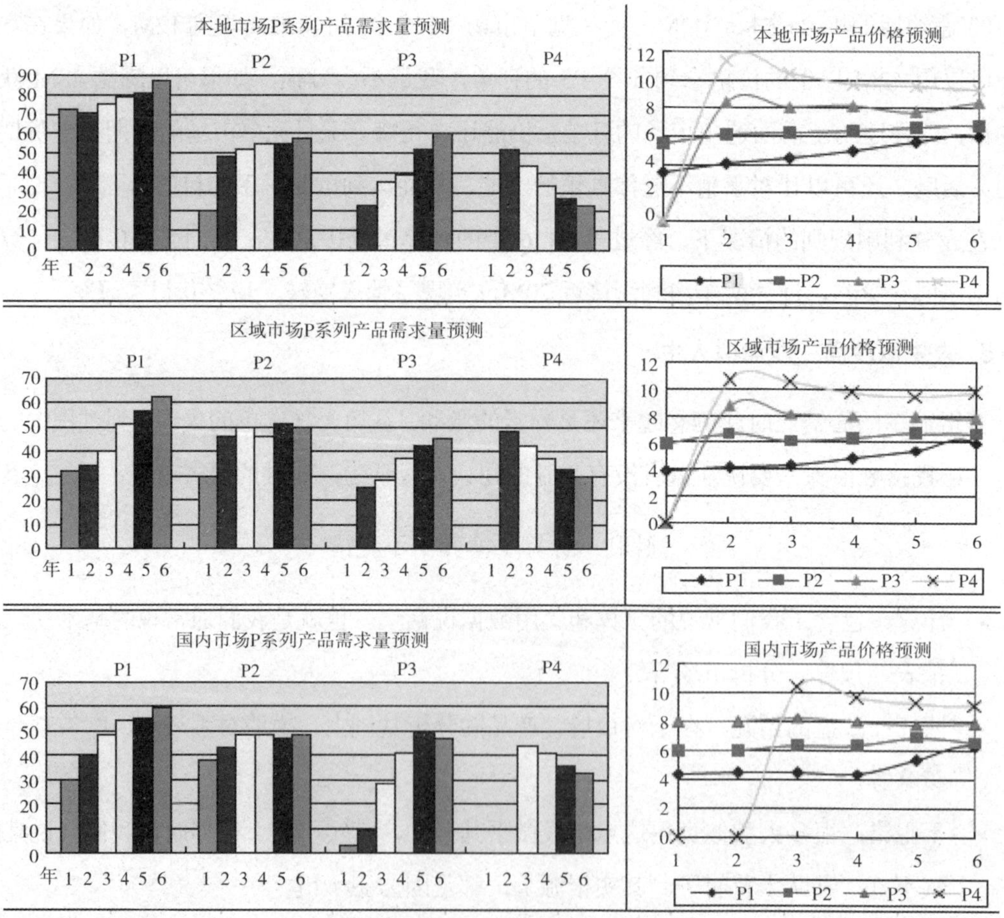

图 5-1　2008 年第四届国赛本科市场预测

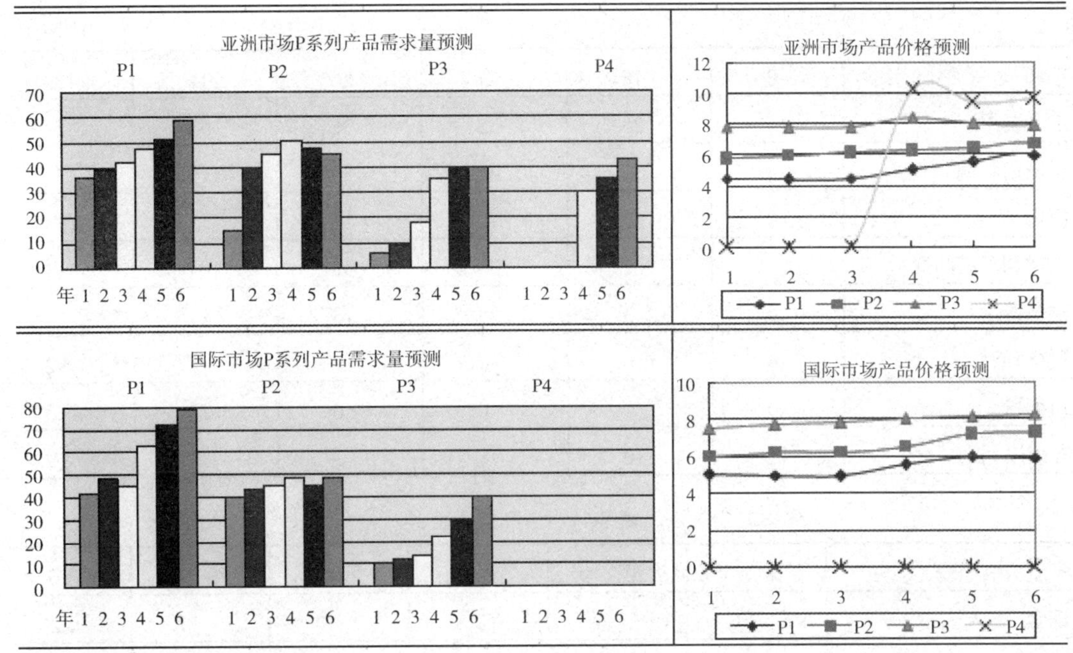

图 5-1 (续)

2008 年第四届国赛本科财务报表如表 5-9～表 5-11 所示。

表 5-9 综合费用表

年度	第 1 年	第 2 年	第 3 年	第 4 年	第 5 年	第 6 年
管理费	4	4	4	4	4	4
广告费	0	2	9	9	12	17
维修费	0	8	10	10	20	12
损失	0	5	0	0	53	21
转产费	0	0	0	0	0	0
厂房租金	0	0	5	8	3	0
新市场开拓	5	3	2	1	0	0
ISO 资格认证	1	1	2	2	0	0
产品研发	4	2	0	2	0	0
信息费	0	0	0	0	0	0
合计	14	25	32	36	92	54

表 5-10 利润表

年度	第 1 年	第 2 年	第 3 年	第 4 年	第 5 年	第 6 年
销售收入	0	34	149	166	333	314
直接成本	0	16	72	80	122	130

(续表)

毛利	0	18	77	86	211	184
综合费用	14	25	32	36	92	54
折旧前利润	−14	−7	45	50	119	130
折旧	0	0	12	15	15	19
支付利息前利润	−14	−7	33	35	104	111
财务费用	0	3	25	18	11	19
税前利润	−14	−10	8	17	93	92
所得税	0	0	0	0	23	23
年度净利润	−14	−10	8	17	70	69

表 5-11 资产负债表

年度	第1年	第2年	第3年	第4年	第5年	第6年
现金	11	6	8	7	17	26
应收款	0	24	53	41	128	273
在制品	0	16	20	20	32	14
产成品	0	0	0	0	4	0
原料	0	0	0	0	0	0
流动资产合计	11	46	81	68	181	313
厂房	40	40	0	0	40	70
机器设备	0	60	63	48	113	70
在建工程	25	10	0	75	0	0
固定资产合计	65	110	63	123	153	140
资产总计	76	156	144	191	334	453
长期负债	10	40	40	50	80	150
短期负债	20	80	60	80	100	80
所得税	0	0	0	0	23	23
负债合计	30	120	100	130	203	253
股东资本	60	60	60	60	60	60
利润留存	0	−14	−24	−16	1	71
年度净利	−14	−10	8	17	70	69
所有者权益合计	46	36	44	61	131	200
负债和所有者权益总计	76	156	144	191	334	453

各年度现金预算表如图 5-2 所示。

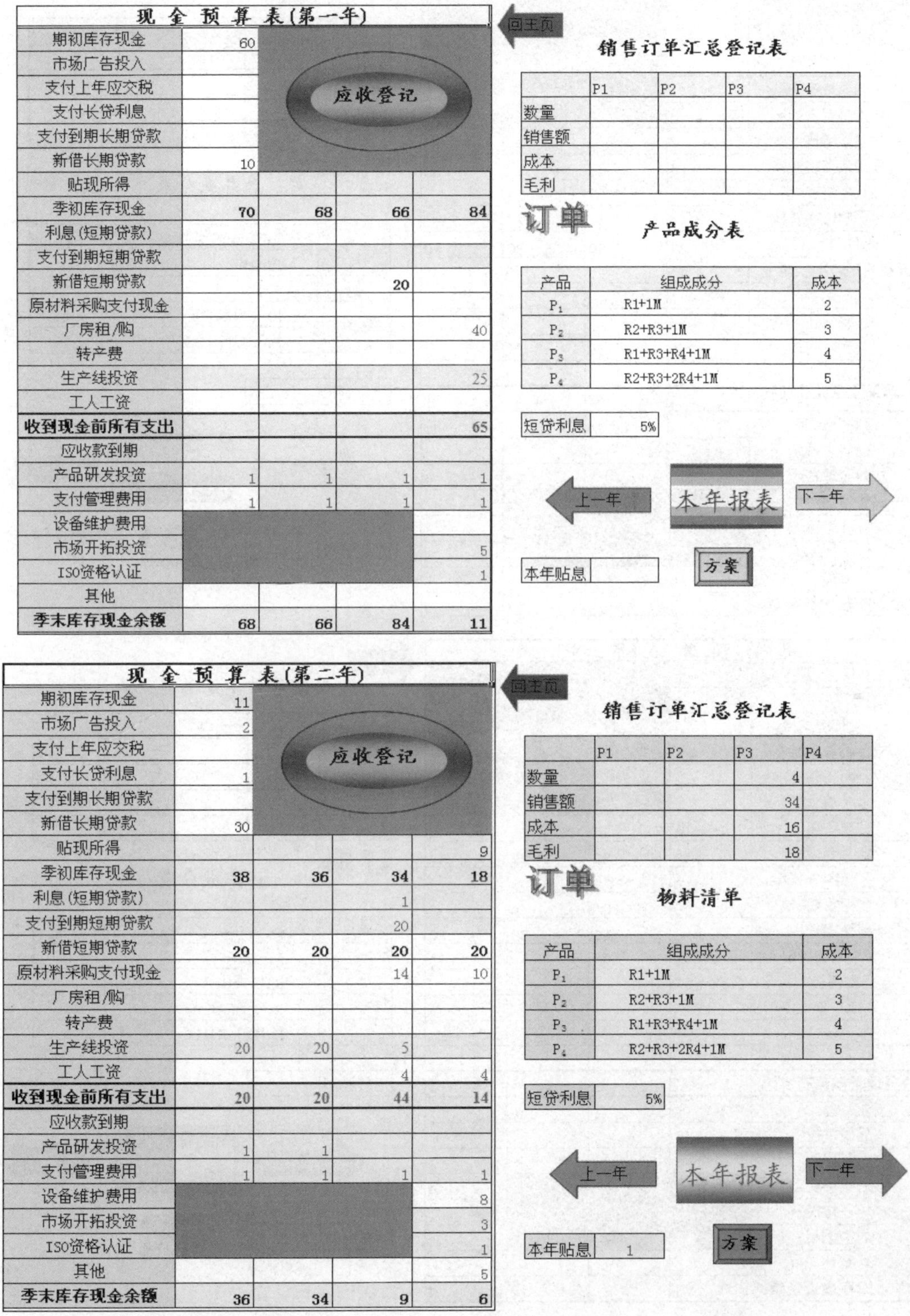

现 金 预 算 表(第一年)

项目				
期初库存现金	60			
市场广告投入				
支付上年应交税				
支付长贷利息				
支付到期长期贷款				
新借长期贷款	10			
贴现所得				
季初库存现金	**70**	**68**	**66**	**84**
利息(短期贷款)				
支付到期短期贷款				
新借短期贷款			**20**	
原材料采购支付现金				
厂房租/购				40
转产费				
生产线投资				25
工人工资				
收到现金前所有支出				65
应收款到期				
产品研发投资	1	1	1	1
支付管理费用	1	1	1	1
设备维护费用				
市场开拓投资				5
ISO资格认证				1
其他				
季末库存现金余额	**68**	**66**	**84**	**11**

应收登记

回主页

销售订单汇总登记表

	P1	P2	P3	P4
数量				
销售额				
成本				
毛利				

订单

产品成分表

产品	组成成分	成本
P_1	R1+1M	2
P_2	R2+R3+1M	3
P_3	R1+R3+R4+1M	4
P_4	R2+R3+2R4+1M	5

短贷利息	5%

上一年　本年报表　下一年

本年贴息	

方案

现 金 预 算 表(第二年)

项目				
期初库存现金	11			
市场广告投入	2			
支付上年应交税				
支付长贷利息	1			
支付到期长期贷款				
新借长期贷款	30			
贴现所得				9
季初库存现金	**38**	**36**	**34**	**18**
利息(短期贷款)			1	
支付到期短期贷款			20	
新借短期贷款	**20**	**20**	**20**	**20**
原材料采购支付现金			14	10
厂房租/购				
转产费				
生产线投资	20	20	5	
工人工资			4	4
收到现金前所有支出	20	20	44	14
应收款到期				
产品研发投资	1	1		
支付管理费用	1	1	1	1
设备维护费用				8
市场开拓投资				3
ISO资格认证				1
其他				5
季末库存现金余额	**36**	**34**	**9**	**6**

应收登记

回主页

销售订单汇总登记表

	P1	P2	P3	P4
数量			4	
销售额			34	
成本			16	
毛利			18	

订单

物料清单

产品	组成成分	成本
P_1	R1+1M	2
P_2	R2+R3+1M	3
P_3	R1+R3+R4+1M	4
P_4	R2+R3+2R4+1M	5

短贷利息	5%

上一年　本年报表　下一年

本年贴息	1

方案

图 5-2　各年度现金预算表

现金预算表(第四年)				
期初库存现金	8			
市场广告投入	9			
支付上年应交税				
支付长贷利息	4			
支付到期长期贷款				
新借长期贷款	10			
贴现所得	9	9	27	54
季初库存现金	**14**	**44**	**52**	**58**
利息(短期贷款)		1	1	1
支付到期短期贷款		20	20	20
新借短期贷款	**20**	**20**	**20**	**20**
原材料采购支付现金	15	15	15	15
厂房租/购		3		
转产费				
生产线投资	5	20	25	25
工人工资	5	5	5	5
收到现金前所有支出	25	64	66	66
应收款到期	32	26		10
产品研发投资			1	1
支付管理费用	1	1	1	1
设备维护费用				10
市场开拓投资				1
ISO资格认证				2
其他	5			
季末库存现金余额	**35**	**25**	**4**	**7**

回主页

销售订单汇总登记表

	P1	P2	P3	P4
数量			20	
销售额			166	
成本			80	
毛利			86	

产品成分表

产品	组成成分	成本
P_1	R1+1M	2
P_2	R2+R3+1M	3
P_3	R1+R3+R4+1M	4
P_4	R2+R3+2R4+1M	5

短贷利息	5%

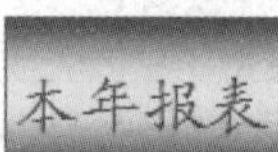

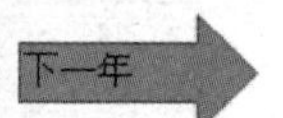

本年贴息	11

现金预算表(第三年)				
期初库存现金	6			
市场广告投入	9			
支付上年应交税				
支付长贷利息	4			
支付到期长期贷款				
新借长期贷款				
贴现所得	56	21	22	27
季初库存现金	**49**	**22**	**22**	**44**
利息(短期贷款)	1	1	1	1
支付到期短期贷款	20	20	20	20
新借短期贷款		**20**	**20**	**20**
原材料采购支付现金	12	15	15	15
厂房租/购	5			
转产费				
生产线投资	5			
工人工资	4	5	5	5
收到现金前所有支出	47	41	41	41
应收款到期			17	
产品研发投资				
支付管理费用	1	1	1	1
设备维护费用				10
市场开拓投资				2
ISO资格认证				2
其他				
季末库存现金余额	**1**		**17**	**8**

应收登记

回主页

销售订单汇总登记表

	P1	P2	P3	P4
数量			18	
销售额			149	
成本			72	
毛利			77	

订单

产品成分表

产品	组成成分	成本
P_1	R1+1M	2
P_2	R2+R3+1M	3
P_3	R1+R3+R4+1M	4
P_4	R2+R3+2R4+1M	5

短贷利息	5%

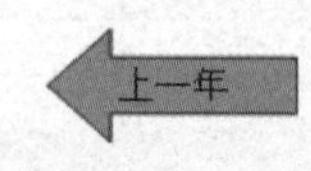

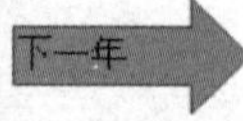

本年贴息	17

图 5-2 (续)

现金预算表(第五年)

回主页

应收登记

项目	1	2	3	4
期初库存现金	7			
市场广告投入	12			
支付上年应交税				
支付长贷利息	5			
支付到期长期贷款				
新借长期贷款	30			
贴现所得	18			
季初库存现金	**38**	**35**	**62**	**64**
利息(短期贷款)	1	1	1	1
支付到期短期贷款	20	20	20	20
新借短期贷款	**40**	**20**	**20**	**20**
原材料采购支付现金	21	22	22	22
厂房租/购				
转产费				
生产线投资	5			
工人工资	9	10	10	10
收到现金前所有支出	56	53	53	53
应收款到期	54	64	72	36
产品研发投资				
支付管理费用	1	1	1	1
设备维护费用				20
市场开拓投资				
ISO资格认证				
其他	40	3	36	29
季末库存现金余额	**35**	**62**	**64**	**17**

销售订单汇总登记表

	P1	P2	P3	P4
数量	11		25	
销售额	66		267	
成本	22		100	
毛利	44		167	

订单

产品成分表

产品	组成成分	成本
P_1	R1+1M	2
P_2	R2+R3+1M	3
P_3	R1+R3+R4+1M	4
P_4	R2+R3+2R4+1M	5

短贷利息	5%

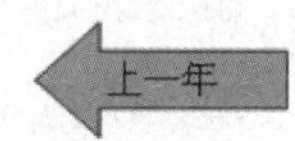

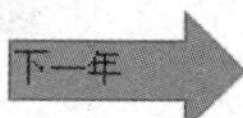

本年贴息	2

现金预算表(第六年)

回主页

应收登记

项目	1	2	3	4
期初库存现金	17			
市场广告投入	17			
支付上年应交税	23			
支付长贷利息	8			
支付到期长期贷款	10			
新借长期贷款	80			
贴现所得	54			
季初库存现金	**93**	**126**	**62**	**71**
利息(短期贷款)	2	1	1	1
支付到期短期贷款	40	20	20	20
新借短期贷款	**40**	**20**	**20**	
原材料采购支付现金	22	22	20	8
厂房租/购				
转产费				
生产线投资				
工人工资	10	10	10	6
收到现金前所有支出	74	53	51	35
应收款到期	68		41	
产品研发投资				
支付管理费用	1	1	1	1
设备维护费用				12
市场开拓投资				
ISO资格认证				
其他		30		-3
季末库存现金余额	**126**	**62**	**71**	**26**

销售订单汇总登记表

	P1	P2	P3	P4
数量	17		24	
销售额	105		209	
成本	34		96	
毛利	71		113	

订单

产品成分表

产品	组成成分	成本
P_1	R1+1M	2
P_2	R2+R3+1M	3
P_3	R1+R3+R4+1M	4
P_4	R2+R3+2R4+1M	5

短贷利息	5%

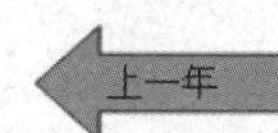

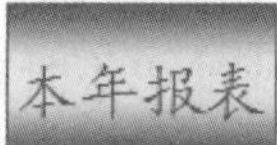

本年贴息	6

图 5-2 (续)

5.4 2011 年第七届全国大学生创业设计暨沙盘模拟经营大赛心得[1]

2011 年第七届用友杯沙盘大赛高职组终于在四川财经职业学院展开，来自全国的 85 所高校同台竞争，经过两天激烈的角逐，各个队伍的技术都得到了提升。

本次比赛规则见附录 2。比赛采用“商战”实践平台，与往年相比，有以下几个创新点。

- 引入了租赁线，且租赁线前三年与后三年的租金是不同的。前三年租金为 70W/年，后三年为 55 W/年。其可以先使用，年末付租金，且不用安装周期，优势较大，对初期扩大产能作用非常大。此次比赛以{总成绩＝所有者权益×(1＋企业综合发展潜力/100)−罚分}作为最终评分依据，租赁线是不计小分的，但后三年租金较低，有利于提高所有者权益，所以后期是否改建，决策难度较大。
- 有选单、竞单(第 3、6 年)两种市场方式，且两市场同时选单，但只有一台电脑操作，学生的比赛难度加大。
- 不给市场预测，而是在赛前直接给订单(包括选单和竞单)明细，在第一天比赛结束时，给第 5、6 年订单明细，各队的博弈程度加大。
- P4 产品“吃”P1，P5 产品“吃”P2，双层物料结构，计算难度加大。

总的来看，本次比赛市场容量虽然较宽松，但 3 个赛区竞争均较为激烈，破产队伍较少，每赛区(28 或 29 队)不超过 4 支。下面以 B 赛区第二名顺德职业技术学院(U04)队员的视角来剖析该赛区的战况。

1. 赛前训练

2011年的广东省赛开始之前，我们作为上一年国赛小组的第一名，受到其他学校的关注度大，因此压力也很大。我们一点也不敢懈怠，常参加网赛，虚心请教沙迷好友，学习比赛经验，以求发现自己的不足。

一个多月的网赛里，我们每个人独自运营一家公司，做到精打细算，从刚开始的一小时运营一年，到后来的半小时运营一年，在这过程中，通过与其他高校队员的交流，运算的速度和思考、解决问题的能力都得到了很大提升。

除了密集的训练，我们还拿出历届大赛成功的方案进行分析，各个队员轮流发表自己的见

---

1 本节作者系顺德职业技术学院潘锦辉，本次比赛规则见 bbs.135e.com，教材板块。

解，以发现对手的竞争力，了解对手的心理和广告风格。

2. 赛前分析

从两年多的比赛经验得出，要取胜最基本的就是要有一个好的方案。很多人会问，如何才能做出好的方案呢？我们始终认为好的方案应该是以对人性的分析为基础。

现实社会中，人最明显的特征就是贪婪，不惜铤而走险、飞蛾扑火。沙盘模拟比赛中，可以做这样一个假设——竞争对手都是贪婪的，那么他们都会去选择毛利高的产品。这也会导致产能过剩，销售困难，广告额加大，利润空间变少。故此做方案时我们常会问自己，高利润产品真的会有这么多人做吗？为了更好地作出决策，我们根据组委会提供的订单明细对每一种产品需求量及毛利进行了整理[1]，并预计了生产组数[2]，如表 5-12 所示。

表 5-12 毛利、需求量分析

分类 \ 产品	毛利					需求量					预计生产组数				
	2	3	4	5	6	2	3	4	5	6	2	3	4	5	6
P1	32	34	28	35	37	207	188	250	310	178	15	15	18	21	24
P2	44	43	33	38	39	135	200	285	241	167	15	17	20	22	24
P3	54	47	46	44	46	110	167	267	284	303	18	18	22	24	24
P4	76	68	65	69	71	169	142	177	130	105	4	4	4	4	4
P5	89	87	91	100	93	40	79	126	171	193	8	12	14	16	20

这里要注意的是，P4、P5 是双层结构，即生产 P4 需要以 P1 为原料，生产 P5 需要以 P2 为原料。通过以上数据可以分析出各产品市场需求特点如下。

- P1 产品需求量虽然大，但毛利偏低，只适合前期进行过渡时使用。
- P2 产品需求量先增后减，毛利居中，适合前期进行稳健发展使用。
- P3 产品毛利较高，且比较平衡，前期需求量较少，第四年剧增，适合第四年突破发展进行使用，前期使用可能会造成销售困难，正常情况下不适合在前 3 年使用。
- P4 可以看成是 P1+P2，其毛利与 P1、P2 之和比并不占优势，前期需求量较大[3]，后两年有所下降。

1 由于竞单价格的不确定，故表中不包括竞单部分。

2 本赛区共 28 队。

3 一个 P4 需求相当于一个 P1 加一个 P2，因此与 P1、P2、P3 需求量比较，P4 实际需求量应将表中数字翻倍，P5 同理。

> ➢ P5 可以看成是 2 个 P2，其毛利与 2 个 P2 比有优势，且逐年上升，仅第六年略有下降，但其需求量前期严重偏少，所以只适合后期突破使用。

3. 低调开局、艰难抉择

在经过系统分析之后，决定人弃我取，低调开局，生产综合毛利最低的 P4。可是如何才能在这场博弈中将 P4 产品的优势发挥到极致呢？考虑到后期要抛弃 P4，在战略转折过程中会产生很多的费用及损失，我们以 4 条手工线加 4 条柔性线开局，并把前 4 年的方案演算出来。

比赛开始时，我们很低调，尽量避免被“枪打出头鸟”。果然，第二年通过间课得知28 个队伍中只有 6 队生产 P4，所以选单时非常宽松，我们以 30W 的广告费就把货出完。然而 P3 的状况比想象的要“和谐”，只有 10 组生产，这导致生产 P3 的队伍快速发展。

接下来第三年准备再生产哪种产品，成为最关键的问题了。此刻，更考验的是如何面对人性的弱点，我们认为，既然第二年 P3 竞争不激烈，那肯定有其他未产 P3 的组会反思自己的决策，随之会加开租赁线生产 P3 产品。鉴于此，我们决定避开风口浪尖，生产 P2，让其他组在 P3 市场再挤一下，那往后对我们就比较有利了。果然，第三年增加了两组生产 P3，但还是不理想，此时我们开始反思自己的方案是否合理。第一天比赛结束的时候，我们去了解了其他两个赛区的 P3 情况，都是有 16 组以上在做，相对他们，B 区 P3 显得更“和谐”，队伍普遍比较保守，我们不禁感慨——真是“人算不如天算”。

4. 临危不惧、沉稳应变

第三年我们计划是上四条租赁线生产 12 个 P2，同时继续以 P4 为主打产品。原来设想 P4 只有 4 组生产，可以在竞单会上把 12 个货都出完，而且价格与交货期都会比较有利，这样对后期的发展极有帮助。但赛场上的情况往往跟想象不一样，实际有 7 组生产 P4，且在查看广告时发现，都有向竞单会出货的迹象，但竞单会只有 23 个 P4 需求，是绝对不够 7 组分的，竞争的天平已然偏向了 P3。既然生产 P4 的队伍较为保守，那么在这个关键时刻我们只能孤注一掷，才有胜出机会。

那年的 P4 广告，我们只投了两个市场，而且都是 10W，仅是为了留条后路。实际选单的时候，我们不断地记录 P4 队伍的接单情况，粗略计算他们留给竞单市场的产能不多后，做了一个很大胆的决定——按照原计划把全部 P4 压到竞单市场。

竞单会中 23 个的 P4 分了 8 张单，数量分别是 2、3、4、3、3、2、3、3，而我们最少要接到 4 张单才能把货出完。我们在纸上事先已经把全部 P4 单的价格写好，第一张 P4 竞单是为了“试水”，看一下其他队伍的反应。原来以为不会有太多人抢单，所以我们始终抱着侥幸心理，希望以3倍价格(即最高价)得单，然而3倍价格没有出现，成交价在140W上下，单也没有落在我们手上。转眼，P4订单只剩下5张了，而我们一张单都没有接，这意味着……我不敢想象如果再抢不到单，下面会发生什么样的情况！

在这个关键的时期，全体队员的注意力都高度集中，不断修改预先单价，从150W到135W，又从135W到133W，一次又一次的修改，最终把价格定在3个P4总额400W，但交货期和应收款账期基本上都是最差的。

我对当时抢单的情景记忆犹新，短短几分钟，已经汗流浃背。出价的时候，我的手自接触沙盘比赛以来第一次颤抖。因为交货期和应收款账期都很差，所以得分很高，最后顺利地在5张单之中抢回来4张。整个竞单过程中，我们没有出现一点错误，虽然利润不高，但也可以紧随生产P3的队伍。

赛后与A赛区、C赛区的队伍交流，有两组跟我们一样方案的队伍均在第三年抢单过程中由于紧张出现填错交货期等情况，其中一组直接导致破产。可见遇到紧急情况时精神必须高度集中，不能犯低级错误，这是对比赛队员最基本的要求。

5. 路遥知马力

有惊无险的第三年过去了，接下来的三年比的就是耐力了。对于前期生产P4的我们来说，重新安排生产线和重新选择产品都很重要，因为这时候每种产品的利润都差不多，所以我们选了P2、P3，P2是为了避开竞争保持正常经营，P3是为了适当打压其他队伍。

为了达到更大的产能，很多队伍都在第四年开始使用租赁线适应市场需求，这样可以突然提高产能。但是我们认为租赁线不加分，如果第四年才开始使用，到了后期转为自动线不值得，所以我们提前在第三年新建了4条自动线，第四年产能达到52个，尽管库存了几个货没有出，但第四年的净利润为454W，权益居整个赛区第二，这为我们拾回不少信心。

产能远远没有达到最大，我们第四年第三季度果断将生产P4产品的手工线卖掉，加紧时间建线，第五年第二季度投入使用，当年每条生产线就能产出两个产品，合计56个产能，第五年净利润673W，排在第四位，权益已经抛离了第二名近100W，名列第一了。后面的队伍已经形成了两种群体，一种是力争拿名次的，一种是保证不破产的。通过间谍得知，还有几个队伍有机会实现反超，得知这情况之后，我们全体出动，针对这几组产能及生产线的建设情况作了分析，结论是如果这几个队伍按照正常价格接单——也就是说竞单会不出现3倍成本价拿单的情况，就不会超过我们。

最激烈的第六年终于来了，因为当年市场相对比较宽松，我们只投了425W的广告，其他有反超能力的队伍均在550W以上，这让我们放松了不少。选单会上我们很容易就把P2销售完，而主打产品P3只剩下6个库存，是想在竞单会以3倍成本价拿单。可是这毕竟是国赛，第三年的P4竞单没有捞到好处，第六年也同样。竞单的时候，大多数队伍都想杀出重围，纷纷高价竞单，但偏偏有一些队伍低价出货，导致整个竞单会的平均单价都只有成本的2倍甚至更低。抢不到单的情况之下，我们果断改变战略，把P3的价格都调低到75W/个左右，交货期最前，应收款账期最后，顺利地把6个库存全出了。粗略算了一下权益，估计应该没人能追得上了，于是开始演算第六年。

俗语说，骄兵必败！真是没错。正是因为我们安于现状，才给了其他队伍可乘之机。第六年竞单的时候，很意外地给U21抢到了一张3倍价格的P4订单，交货期是3，应收款账期是4。以往的比赛中，在第六年竞争如此激烈的情况下是不会发生这种事的。就是因为这张单，让U21把权益拉近了很多。最终结束时，我们的权益是2588W，U21是2527W，但21组生产线全是柔性线，而我们只有6条柔性线，其他都是自动线，导致最终得分比他们少315分。

比赛结束之后我们再计算，如果当时U21仅以正常价抢到这张单，权益就会再下降100W左右，而恰恰是这100W多的权益，导致U21组胜出。

安于现状令我们十分后悔，后来请教楚万文师兄，他说得没错，路遥知马力，没有把每一步都计算好，就可能失败。遇到这种情况应该每一张单都以3倍成本，交货期为1，应收账期为4出价，以防其他队伍抢到好单。

事实证明我们还是经验不足，仍有很大的提高空间。

6. 赛后反思

针对各产品不同年份生产组数，我们将预测与实际情况进行比较，如表5-13所示。

表5-13　生产组数比较

生产数组 / 产品	预计生产组数					实际生产组数				
	2	3	4	5	6	2	3	4	5	6
P1	15	15	18	21	24	6	8	8	11	12
P2	15	17	20	22	24	17	16	12	10	14
P3	18	18	22	24	24	10	12	14	15	13
P4	4	4	4	4	4	6	7	6	7	9
P5	8	12	14	16	20	7	9	16	16	15

从上表可以看到，预计的生产组数跟实际的生产组数差别最大的是P1、P2、P3产品，也就是说在B赛区里面大部分参赛队都倾向于避开竞争，从低利润产品入手进行侧面打击，再发展到高利润产品进一步拓宽发展空间，最终决定胜局。

U21 能实现反超，我们也认为这不仅仅是偶然，他们前期生产 P3，这必须有过人的胆识；中期转产 P5，证明他们也在不断观察市场，然后做出相应调整；最后一年，突然转产 P4，也是因为没有完成销售量而做出的临时调整。可见他们临场应变能力相当强，有勇有谋。这场比赛虽然是输了那么一点，但遇到了高手，实在痛快。

纵观整个 B 赛区，5 种产品竞争最激烈的是 P5，然而 P5 利润太高了，虽然广告额单个市场平均超 100W，但还是有相当高的利润空间。从第三年的 9 组生产到第四年的 15 组生产就可以说明，大部分想胜出的队伍都不会放过 P5 这块“肥肉”。

此外，大部分队伍都有一个同样的想法，要赢比赛，就必须要选择最高利润的两种产品，比赛数据也反映了这一点，生产 P5 基本上都会生产 P3。为了达到最高净利润，不惜花巨额广告费抢单，大收大支。而生产 P1、P2、P4 产品的组就显得小本经营，默默在后面紧跟着，寻求突破。

生产线方面，很多队伍都选择了使用自动线或者柔性线开局，第三年由于市场扩张再增加租赁线，等后期资金充裕就把租赁线换成自动线以求加分。

广告方面竞争其实并不激烈，主要的原因是前期 P3 竞争不激烈，后期生产 P5 的队伍并不如想象的多，相比其他赛区，B 区的广告较低。

2011 年第七届全国大学生创业设计暨沙盘模拟经营大赛财务报表如表 5-14～表 5-16 所示。

表 5-14　综合费用表

年度	第 1 年	第 2 年	第 3 年	第 4 年	第 5 年	第 6 年
管理费	40	40	40	40	40	40
广告费	0	30	112	266	387	455
维护费	0	100	380	380	240	320
损失	0	0	0	80	220	0
转产费	0	0	0	0	0	0
租金	0	88	176	176	88	0
市场开拓费	50	30	20	10	0	0
产品研发费	60	70	30	0	40	0
ISO 认证费	25	25	0	0	0	0
信息费	0	0	0	0	0	0
合计	175	383	758	952	1015	815

表 5-15　利润表

年度	第 1 年	第 2 年	第 3 年	第 4 年	第 5 年	第 6 年
销售收入	0	1 085	2 386	3 691	4 331	4 380
直接成本	0	400	930	1 720	1 960	1 990
毛利	0	685	1 456	1 971	2 371	2 390
综合费用	175	383	758	952	1 015	815
折旧前利润	−175	302	698	1 019	1 356	1 575
折旧	0	0	200	160	280	420
支付利息前利润	−175	302	498	859	1 076	1 155
财务费用	0	100	207	253	179	324
税前利润	−175	202	291	606	897	831
所得税	0	7	73	152	224	208
年度净利润	−175	195	218	454	673	623

表 5-16　资产负债表

年度	第 1 年	第 2 年	第 3 年	第 4 年	第 5 年	第 6 年
现金	85	254	3	721	409	1 785
应收款	0	548	998	1 197	2 576	2 976
在制品	0	160	400	440	430	0
产成品	0	0	30	120	70	0
原料	0	0	0	0	0	490
流动资产合计	85	962	1 431	2 478	3 485	5 251
厂房	440	0	0	0	880	1 760
机器设备	0	940	740	1 080	1 500	1 680
在建工程	800	0	600	400	200	0
固定资产合计	1 240	940	1340	1 480	2 580	3 440
资产总计	1 325	1 902	2 771	3 958	6 065	8 691
长期贷款	0	200	784	1 084	1 624	3 643
短期贷款	900	1 075	1 076	1 430	2 252	2 252
特别贷款	0	0	0	0	0	0
所得税	0	7	73	152	224	208
负债合计	900	1 282	1 933	2 666	4 100	6 103
股东资本	600	600	600	600	600	600

(续表)

利润留存	0	−175	20	238	692	1 365
年度净利	−175	195	218	454	673	623
所有者权益合计	425	620	838	1 292	1 965	2 588
负债和所有者权益总计	1 325	1 902	2 771	3 958	6 065	8 691

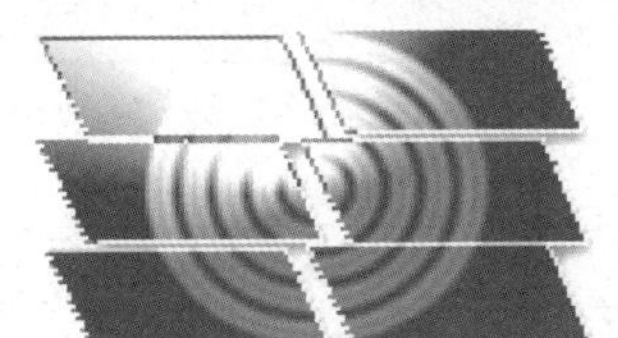

附录1

各年经营用表格

第一年资金预算表

	1	2	3	4
期初库存现金				
贴现收入				
支付上年应交税				
市场广告投入				
长贷本息收支				
支付到期短贷本息				
申请短贷				
原料采购支付现金				
厂房租买开支				
生产线(新建、在建、转产、变卖)				
工人工资(下一批生产)				
收到应收款				
产品研发				
支付管理费用及厂房续租				
市场及ISO开发(第四季)				
设备维护费用				
违约罚款				
其他				
库存现金余额				

要点记录

第一季度：____________________

第二季度：____________________

第三季度：____________________

第四季度：____________________

年底小结：____________________

第一年经营流程表

	手工操作流程	系 统 操 作	手 工 记 录			
年初	新年度规划会议					
	广告投放	输入广告费，确认				
	选单/竞单/登记订单	选单				
	支付应付税	系统自动				
	支付长贷利息	系统自动				
	更新长期贷款/长期贷款还款	系统自动				
	申请长期贷款	输入贷款数额并确认				
1	季初盘点(请填余额)	产品下线，生产线完工(自动)				
2	更新短期贷款/短期贷款还本付息	系统自动				
3	申请短期贷款	输入贷款数额并确认				
4	原材料入库/更新原料订单	需要确认金额				
5	下原料订单	输入并确认				
6	购买/租用—厂房	选择并确认，自动扣现金				
7	更新生产/完工入库	系统自动				
8	新建/在建/转产/变卖—生产线	选择并确认				
9	紧急采购(随时进行)	随时进行输入并确认				
10	开始下一批生产	选择并确认				
11	更新应收款/应收款收现	需要输入到期金额				
12	按订单交货	选择交货订单确认				
13	产品研发投资	选择并确认				
14	厂房—出售(买转租)/退租/租转买	选择确认，自动转应收款				
15	新市场开拓/ISO 资格投资	仅第四季允许操作				
16	支付管理费/更新厂房租金	系统自动				
17	出售库存	输入并确认(随时进行)				
18	厂房贴现	随时进行				
19	应收款贴现	输入并确认(随时进行)				
20	季末收入合计					
21	季末支出合计					
22	季末对账[(1)+(20)−(21)]					
年末	缴纳违约订单罚款	系统自动				
	支付设备维护费	系统自动				
	计提折旧	系统自动				
	新市场/ISO 资格换证	系统自动				
	结账					

订单登记表

订单号										合　计
市场										
产品										
数量										
账期										
销售额										
成本										
毛利										
未售										

产品销售核算统计表

	P1	P2	P3	P4	合　计
数量					
销售额					
成本					
毛利					

市场销售核算统计表

	本　地	区　域	国　内	亚　洲	国　际	合　计
数量						
销售额						
成本						
毛利						

组间交易明细表

买　入			卖　出		
产　品	数　量	金　额	产　品	数　量	金　额

第一年财务报表

综合费用表

项　　目	金　　额
管理费	
广告费	
设备维护费	
其他损失	
转产费	
厂房租金	
新市场开拓	
ISO 资格认证	
产品研发	
信息费	
合计	

利润表

项　　目	金　　额
销售收入	
直接成本	
毛利	
综合费用	
折旧前利润	
折旧	
支付利息前利润	
财务费用	
税前利润	
所得税	
年度净利	

资产负债表

项　　目	金　　额	项　　目	金　　额
现金		长期负债	
应收款		短期负债	
在制品		应交所得税	
产成品		—	—
原材料		—	—
流动资产合计		负债合计	
厂房		股东资本	
生产线		利润留存	
在建工程		年度净利	
固定资产合计		所有者权益合计	
资产总计		负债和所有者权益总计	

注：库存折价拍价、生产线变卖、紧急采购、订单违约及注资记入损失。

第二年资金预算表

	1	2	3	4
期初库存现金				
贴现收入				
支付上年应交税				
市场广告投入				
长贷本息收支				
支付到期短贷本息				
申请短贷				
原料采购支付现金				
厂房租买开支				
生产线(新建、在建、转产、变卖)				
工人工资(下一批生产)				
收到应收款				
产品研发				
支付管理费用及厂房续租				
市场及 ISO 开发(第四季)				
设备维护费用				
违约罚款				
其他				
库存现金余额				

要点记录

第一季度：____________________

第二季度：____________________

第三季度：____________________

第四季度：____________________

年底小结：____________________

第二年经营流程表

	手工操作流程	系统操作	手工记录			
年初	新年度规划会议					
	广告投放	输入广告费，确认				
	选单/竞单/登记订单	选单				
	支付应付税	系统自动				
	支付长贷利息	系统自动				
	更新长期贷款/长期贷款还款	系统自动				
	申请长期贷款	输入贷款数额并确认				
1	季初盘点(请填余额)	产品下线，生产线完工(自动)				
2	更新短期贷款/短期贷款还本付息	系统自动				
3	申请短期贷款	输入贷款数额并确认				
4	原材料入库/更新原料订单	需要确认金额				
5	下原料订单	输入并确认				
6	购买/租用—厂房	选择并确认，自动扣现金				
7	更新生产/完工入库	系统自动				
8	新建/在建/转产/变卖—生产线	选择并确认				
9	紧急采购(随时进行)	随时进行输入并确认				
10	开始下一批生产	选择并确认				
11	更新应收款/应收款收现	需要输入到期金额				
12	按订单交货	选择交货订单确认				
13	产品研发投资	选择并确认				
14	厂房—出售(买转租)/退租/租转买	选择确认，自动转应收款				
15	新市场开拓/ISO 资格投资	仅第四季允许操作				
16	支付管理费/更新厂房租金	系统自动				
17	出售库存	输入并确认(随时进行)				
18	厂房贴现	随时进行				
19	应收款贴现	输入并确认(随时进行)				
20	季末收入合计					
21	季末支出合计					
22	季末对账[(1)+(20)−(21)]					
年末	缴纳违约订单罚款	系统自动				
	支付设备维护费	系统自动				
	计提折旧	系统自动				
	新市场/ISO 资格换证	系统自动				
	结账					

订单登记表

订单号										合　　计
市场										
产品										
数量										
账期										
销售额										
成本										
毛利										
未售										

产品销售核算统计表

	P1	P2	P3	P4	合　　计
数量					
销售额					
成本					
毛利					

市场销售核算统计表

	本　　地	区　　域	国　　内	亚　　洲	国　　际	合　　计
数量						
销售额						
成本						
毛利						

组间交易明细表

买　　入			卖　　出		
产　　品	数　　量	金　　额	产　　品	数　　量	金　　额

第二年财务报表

综合费用表

项　目	金　额
管理费	
广告费	
设备维护费	
其他损失	
转产费	
厂房租金	
新市场开拓	
ISO 资格认证	
产品研发	
信息费	
合计	

利润表

项　目	金　额
销售收入	
直接成本	
毛利	
综合费用	
折旧前利润	
折旧	
支付利息前利润	
财务费用	
税前利润	
所得税	
年度净利	

资产负债表

项　目	金　额	项　目	金　额
现金		长期负债	
应收款		短期负债	
在制品		应交所得税	
产成品		—	—
原材料		—	—
流动资产合计		负债合计	
厂房		股东资本	
生产线		利润留存	
在建工程		年度净利	
固定资产合计		所有者权益合计	
资产总计		负债和所有者权益总计	

注：库存折价拍价、生产线变卖、紧急采购、订单违约及注资记入损失。

第三年资金预算表

	1	2	3	4
期初库存现金				
贴现收入				
支付上年应交税				
市场广告投入				
长贷本息收支				
支付到期短贷本息				
申请短贷				
原料采购支付现金				
厂房租买开支				
生产线(新建、在建、转产、变卖)				
工人工资(下一批生产)				
收到应收款				
产品研发				
支付管理费用及厂房续租				
市场及 ISO 开发(第四季)				
设备维护费用				
违约罚款				
其他				
库存现金余额				

要点记录

第一季度：＿＿＿＿＿＿＿＿＿＿＿＿＿＿＿＿＿＿＿＿＿＿＿＿

第二季度：＿＿＿＿＿＿＿＿＿＿＿＿＿＿＿＿＿＿＿＿＿＿＿＿

第三季度：＿＿＿＿＿＿＿＿＿＿＿＿＿＿＿＿＿＿＿＿＿＿＿＿

第四季度：＿＿＿＿＿＿＿＿＿＿＿＿＿＿＿＿＿＿＿＿＿＿＿＿

年底小结：＿＿＿＿＿＿＿＿＿＿＿＿＿＿＿＿＿＿＿＿＿＿＿＿

第三年经营流程表

	手工操作流程	系统操作	手工记录			
年初	新年度规划会议					
	广告投放	输入广告费，确认				
	选单/竞单/登记订单	选单				
	支付应付税	系统自动				
	支付长贷利息	系统自动				
	更新长期贷款/长期贷款还款	系统自动				
	申请长期贷款	输入贷款数额并确认				
1	季初盘点(请填余额)	产品下线，生产线完工(自动)				
2	更新短期贷款/短期贷款还本付息	系统自动				
3	申请短期贷款	输入贷款数额并确认				
4	原材料入库/更新原料订单	需要确认金额				
5	下原料订单	输入并确认				
6	购买/租用—厂房	选择并确认，自动扣现金				
7	更新生产/完工入库	系统自动				
8	新建/在建/转产/变卖—生产线	选择并确认				
9	紧急采购(随时进行)	随时进行输入并确认				
10	开始下一批生产	选择并确认				
11	更新应收款/应收款收现	需要输入到期金额				
12	按订单交货	选择交货订单确认				
13	产品研发投资	选择并确认				
14	厂房—出售(买转租)/退租/租转买	选择确认，自动转应收款				
15	新市场开拓/ISO 资格投资	仅第四季允许操作				
16	支付管理费/更新厂房租金	系统自动				
17	出售库存	输入并确认(随时进行)				
18	厂房贴现	随时进行				
19	应收款贴现	输入并确认(随时进行)				
20	季末收入合计					
21	季末支出合计					
22	季末对账[(1)+(20)−(21)]					
年末	缴纳违约订单罚款	系统自动				
	支付设备维护费	系统自动				
	计提折旧	系统自动				
	新市场/ISO 资格换证	系统自动				
	结账					

订单登记表

订单号										合　计
市场										
产品										
数量										
账期										
销售额										
成本										
毛利										
未售										

产品销售核算统计表

	P1	P2	P3	P4	合　计
数量					
销售额					
成本					
毛利					

市场销售核算统计表

	本　地	区　域	国　内	亚　洲	国　际	合　计
数量						
销售额						
成本						
毛利						

组间交易明细表

买　入			卖　出		
产　品	数　量	金　额	产　品	数　量	金　额

第三年财务报表

综合费用表

项　目	金　额
管理费	
广告费	
设备维护费	
其他损失	
转产费	
厂房租金	
新市场开拓	
ISO 资格认证	
产品研发	
信息费	
合计	

利润表

项　目	金　额
销售收入	
直接成本	
毛利	
综合费用	
折旧前利润	
折旧	
支付利息前利润	
财务费用	
税前利润	
所得税	
年度净利	

资产负债表

项　目	金　额	项　目	金　额
现金		长期负债	
应收款		短期负债	
在制品		应交所得税	
产成品		—	—
原材料		—	—
流动资产合计		负债合计	
厂房		股东资本	
生产线		利润留存	
在建工程		年度净利	
固定资产合计		所有者权益合计	
资产总计		负债和所有者权益总计	

注：库存折价拍价、生产线变卖、紧急采购、订单违约及注资记入损失。

第四年资金预算表

	1	2	3	4
期初库存现金				
贴现收入				
支付上年应交税				
市场广告投入				
长贷本息收支				
支付到期短贷本息				
申请短贷				
原料采购支付现金				
厂房租买开支				
生产线(新建、在建、转产、变卖)				
工人工资(下一批生产)				
收到应收款				
产品研发				
支付管理费用及厂房续租				
市场及ISO开发(第四季)				
设备维护费用				
违约罚款				
其他				
库存现金余额				

要点记录

第一季度：

第二季度：

第三季度：

第四季度：

年底小结：

第四年经营流程表

	手工操作流程	系统操作	手工记录			
年初	新年度规划会议					
	广告投放	输入广告费，确认				
	选单/竞单/登记订单	选单				
	支付应付税	系统自动				
	支付长贷利息	系统自动				
	更新长期贷款/长期贷款还款	系统自动				
	申请长期贷款	输入贷款数额并确认				
1	季初盘点(请填余额)	产品下线，生产线完工(自动)				
2	更新短期贷款/短期贷款还本付息	系统自动				
3	申请短期贷款	输入贷款数额并确认				
4	原材料入库/更新原料订单	需要确认金额				
5	下原料订单	输入并确认				
6	购买/租用—厂房	选择并确认，自动扣现金				
7	更新生产/完工入库	系统自动				
8	新建/在建/转产/变卖—生产线	选择并确认				
9	紧急采购(随时进行)	随时进行输入并确认				
10	开始下一批生产	选择并确认				
11	更新应收款/应收款收现	需要输入到期金额				
12	按订单交货	选择交货订单确认				
13	产品研发投资	选择并确认				
14	厂房—出售(买转租)/退租/租转买	选择确认，自动转应收款				
15	新市场开拓/ISO 资格投资	仅第四季允许操作				
16	支付管理费/更新厂房租金	系统自动				
17	出售库存	输入并确认(随时进行)				
18	厂房贴现	随时进行				
19	应收款贴现	输入并确认(随时进行)				
20	季末收入合计					
21	季末支出合计					
22	季末对账[(1)+(20)-(21)]					
年末	缴纳违约订单罚款	系统自动				
	支付设备维护费	系统自动				
	计提折旧	系统自动				
	新市场/ISO 资格换证	系统自动				
	结账					

订单登记表

订单号											合　计
市场											
产品											
数量											
账期											
销售额											
成本											
毛利											
未售											

产品销售核算统计表

	P1	P2	P3	P4	合　计
数量					
销售额					
成本					
毛利					

市场销售核算统计表

	本　地	区　域	国　内	亚　洲	国　际	合　计
数量						
销售额						
成本						
毛利						

组间交易明细表

买　入			卖　出		
产　品	数　量	金　额	产　品	数　量	金　额

第四年财务报表

综合费用表

项　目	金　额
管理费	
广告费	
设备维护费	
其他损失	
转产费	
厂房租金	
新市场开拓	
ISO 资格认证	
产品研发	
信息费	
合计	

利润表

项　目	金　额
销售收入	
直接成本	
毛利	
综合费用	
折旧前利润	
折旧	
支付利息前利润	
财务费用	
税前利润	
所得税	
年度净利	

资产负债表

项　目	金　额	项　目	金　额
现金		长期负债	
应收款		短期负债	
在制品		应交所得税	
产成品		—	—
原材料		—	—
流动资产合计		负债合计	
厂房		股东资本	
生产线		利润留存	
在建工程		年度净利	
固定资产合计		所有者权益合计	
资产总计		负债和所有者权益总计	

注：库存折价拍价、生产线变卖、紧急采购、订单违约及注资记入损失。

第五年资金预算表

	1	2	3	4
期初库存现金				
贴现收入				
支付上年应交税				
市场广告投入				
长贷本息收支				
支付到期短贷本息				
申请短贷				
原料采购支付现金				
厂房租买开支				
生产线(新建、在建、转产、变卖)				
工人工资(下一批生产)				
收到应收款				
产品研发				
支付管理费用及厂房续租				
市场及ISO开发(第四季)				
设备维护费用				
违约罚款				
其他				
库存现金余额				

要点记录

第一季度：________________

第二季度：________________

第三季度：________________

第四季度：________________

年底小结：________________

第五年经营流程表

	手工操作流程	系统操作	手工记录			
年初	新年度规划会议					
	广告投放	输入广告费，确认				
	选单/竞单/登记订单	选单				
	支付应付税	系统自动				
	支付长贷利息	系统自动				
	更新长期贷款/长期贷款还款	系统自动				
	申请长期贷款	输入贷款数额并确认				
1	季初盘点(请填余额)	产品下线，生产线完工(自动)				
2	更新短期贷款/短期贷款还本付息	系统自动				
3	申请短期贷款	输入贷款数额并确认				
4	原材料入库/更新原料订单	需要确认金额				
5	下原料订单	输入并确认				
6	购买/租用—厂房	选择并确认，自动扣现金				
7	更新生产/完工入库	系统自动				
8	新建/在建/转产/变卖—生产线	选择并确认				
9	紧急采购(随时进行)	随时进行输入并确认				
10	开始下一批生产	选择并确认				
11	更新应收款/应收款收现	需要输入到期金额				
12	按订单交货	选择交货订单确认				
13	产品研发投资	选择并确认				
14	厂房—出售(买转租)/退租/租转买	选择确认，自动转应收款				
15	新市场开拓/ISO 资格投资	仅第四季允许操作				
16	支付管理费/更新厂房租金	系统自动				
17	出售库存	输入并确认(随时进行)				
18	厂房贴现	随时进行				
19	应收款贴现	输入并确认(随时进行)				
20	季末收入合计					
21	季末支出合计					
22	季末对账[(1)+(20)-(21)]					
年末	缴纳违约订单罚款	系统自动				
	支付设备维护费	系统自动				
	计提折旧	系统自动				
	新市场/ISO 资格换证	系统自动				
	结账					

订单登记表

订单号										合　计
市场										
产品										
数量										
账期										
销售额										
成本										
毛利										
未售										

产品销售核算统计表

	P1	P2	P3	P4	合　计
数量					
销售额					
成本					
毛利					

市场销售核算统计表

	本　地	区　域	国　内	亚　洲	国　际	合　计
数量						
销售额						
成本						
毛利						

组间交易明细表

买　入			卖　出		
产　品	数　量	金　额	产　品	数　量	金　额

第五年财务报表

综合费用表

项　目	金　额
管理费	
广告费	
设备维护费	
其他损失	
转产费	
厂房租金	
新市场开拓	
ISO 资格认证	
产品研发	
信息费	
合计	

利润表

项　目	金　额
销售收入	
直接成本	
毛利	
综合费用	
折旧前利润	
折旧	
支付利息前利润	
财务费用	
税前利润	
所得税	
年度净利	

资产负债表

项　目	金　额	项　目	金　额
现金		长期负债	
应收款		短期负债	
在制品		应交所得税	
产成品		—	—
原材料		—	—
流动资产合计		负债合计	
厂房		股东资本	
生产线		利润留存	
在建工程		年度净利	
固定资产合计		所有者权益合计	
资产总计		负债和所有者权益总计	

注：库存折价拍价、生产线变卖、紧急采购、订单违约及注资记入损失。

第六年资金预算表

	1	2	3	4
期初库存现金				
贴现收入				
支付上年应交税				
市场广告投入				
长贷本息收支				
支付到期短贷本息				
申请短贷				
原料采购支付现金				
厂房租买开支				
生产线(新建、在建、转产、变卖)				
工人工资(下一批生产)				
收到应收款				
产品研发				
支付管理费用及厂房续租				
市场及ISO开发(第四季)				
设备维护费用				
违约罚款				
其他				
库存现金余额				

要点记录

第一季度：________________

第二季度：________________

第三季度：________________

第四季度：________________

年底小结：________________

第六年经营流程表

	手工操作流程	系统操作	手工记录			
年初	新年度规划会议					
	广告投放	输入广告费，确认				
	选单/竞单/登记订单	选单				
	支付应付税	系统自动				
	支付长贷利息	系统自动				
	更新长期贷款/长期贷款还款	系统自动				
	申请长期贷款	输入贷款数额并确认				
1	季初盘点(请填余额)	产品下线，生产线完工(自动)				
2	更新短期贷款/短期贷款还本付息	系统自动				
3	申请短期贷款	输入贷款数额并确认				
4	原材料入库/更新原料订单	需要确认金额				
5	下原料订单	输入并确认				
6	购买/租用—厂房	选择并确认，自动扣现金				
7	更新生产/完工入库	系统自动				
8	新建/在建/转产/变卖—生产线	选择并确认				
9	紧急采购(随时进行)	随时进行输入并确认				
10	开始下一批生产	选择并确认				
11	更新应收款/应收款收现	需要输入到期金额				
12	按订单交货	选择交货订单确认				
13	产品研发投资	选择并确认				
14	厂房—出售(买转租)/退租/租转买	选择确认，自动转应收款				
15	新市场开拓/ISO 资格投资	仅第四季允许操作				
16	支付管理费/更新厂房租金	系统自动				
17	出售库存	输入并确认(随时进行)				
18	厂房贴现	随时进行				
19	应收款贴现	输入并确认(随时进行)				
20	季末收入合计					
21	季末支出合计					
22	季末对账[(1)+(20)−(21)]					
年末	缴纳违约订单罚款	系统自动				
	支付设备维护费	系统自动				
	计提折旧	系统自动				
	新市场/ISO 资格换证	系统自动				
	结账					

订单登记表

订单号										合　计
市场										
产品										
数量										
账期										
销售额										
成本										
毛利										
未售										

产品销售核算统计表

	P1	P2	P3	P4	合　计
数量					
销售额					
成本					
毛利					

市场销售核算统计表

	本　地	区　域	国　内	亚　洲	国　际	合　计
数量						
销售额						
成本						
毛利						

组间交易明细表

买　入			卖　出		
产　品	数　量	金　额	产　品	数　量	金　额

第六年财务报表

综合费用表

项　　目	金　　额
管理费	
广告费	
设备维护费	
其他损失	
转产费	
厂房租金	
新市场开拓	
ISO 资格认证	
产品研发	
信息费	
合计	

利润表

项　　目	金　　额
销售收入	
直接成本	
毛利	
综合费用	
折旧前利润	
折旧	
支付利息前利润	
财务费用	
税前利润	
所得税	
年度净利	

资产负债表

项　　目	金　　额	项　　目	金　　额
现金		长期负债	
应收款		短期负债	
在制品		应交所得税	
产成品		—	—
原材料		—	—
流动资产合计		负债合计	
厂房		股东资本	
生产线		利润留存	
在建工程		年度净利	
固定资产合计		所有者权益合计	
资产总计		负债和所有者权益总计	

注：库存折价拍价、生产线变卖、紧急采购、订单违约及注资记入损失。

生产计划与原料订购

		11	12	13	14	21	22	23	24	31	32	33	34
1	产品												
	原料												
2	产品												
	原料												
3	产品												
	原料												
4	产品												
	原料												
5	产品												
	原料												
6	产品												
	原料												
7	产品												
	原料												
8	产品												
	原料												
9	产品												
	原料												
10	产品												
	原料												
合计	产品												
	原料												

(续表)

		41	42	43	44	51	52	53	54	61	62	63	64
1	产品												
	原料												
2	产品												
	原料												
3	产品												
	原料												
4	产品												
	原料												
5	产品												
	原料												
6	产品												
	原料												
7	产品												
	原料												
8	产品												
	原料												
9	产品												
	原料												
10	产品												
	原料												
合计	产品												
	原料												

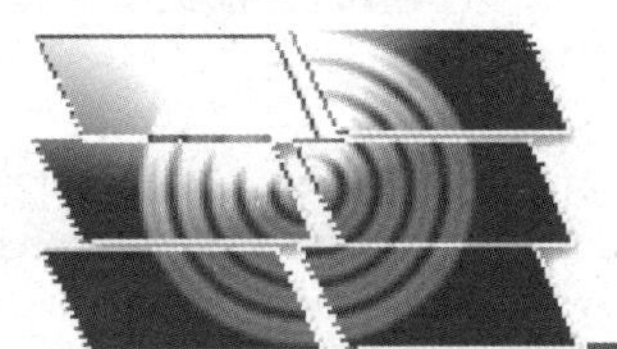

附录2

新创业者实物沙盘分析平台使用说明

首次由系统管理员登录(用户名：admin，密码：1)，系统管理员可以建立多个账套(每个账套可以理解为一个教学班)，数量不限，每个账套指定一个运行管理员，如图附2-1所示。**各账套间独立运行管理**，互不影响。

管理员列表

用户名	班级名称	密码	角色	操作
admin	-	1	系统管理员	
hexl	xg	hexl	教师	

添加用户

图附2-1　管理员列表

一、整体界面

用户区列出当前所有用户，单击单个用户，可在“用户操作区”中输入或查询与该队相关的信息。包括广告录入(必须分队录入)、订单交货、报表录入、贷款登记、原料登记、开发登记、固定资产登记等，如图附2-2所示。

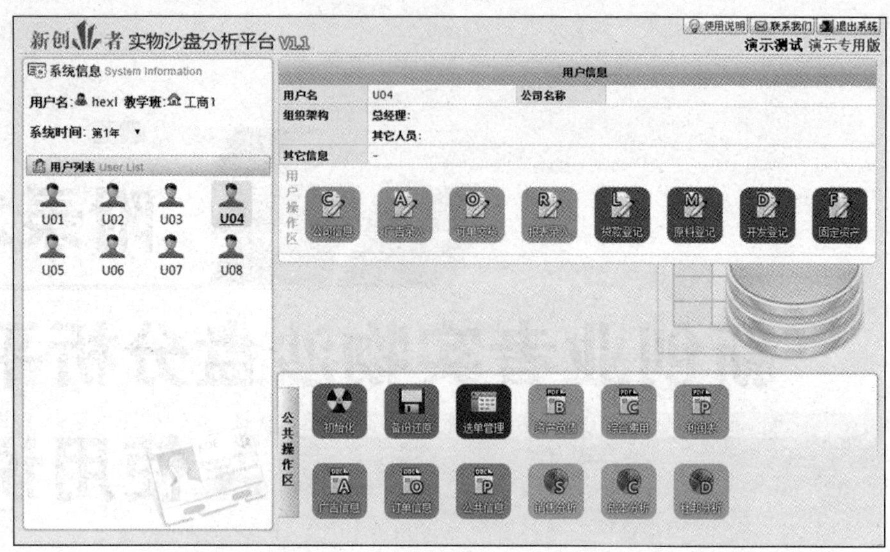

图附 2-2　实物沙盘分析平台整体界面

“公共操作区”包括两块内容。一是运行管理员对本账套初始化和备份还原；二是与所有用户相关的操作，包括选单管理、报表查询、信息查询、分析查询。

一年经营结束，运行管理员手工切换系统时间至下一年即可。

二、基本操作流程

本平台中广告录入、选单管理、订单交货、报表录入共计 4 个操作是必需的，其他的输入可以省略，不影响经营，但影响数据记录的完整和准确性。

1. 广告录入

须为每一个用户录入广告，如图附 2-3 所示。

[U03][第1年]广告录入

产品/市场	本地	区域	国内	亚洲	国际
P1	7	0	0	0	0
P2	0	0	0	0	0
P3	0	4	0	0	0
P4	0	0	0	0	0

信息确认

图附 2-3　广告录入

特别提示

相同条件下，先录入广告的用户先选单。请管理员务必根据交广告的先后顺序录入广告。

2. 选单管理

如图附 2-4 所示，在“选单管理”界面中选择市场、产品，然后单击“开始(重新)选单”按钮。根据各组的选择，单击选中或者放弃选单。

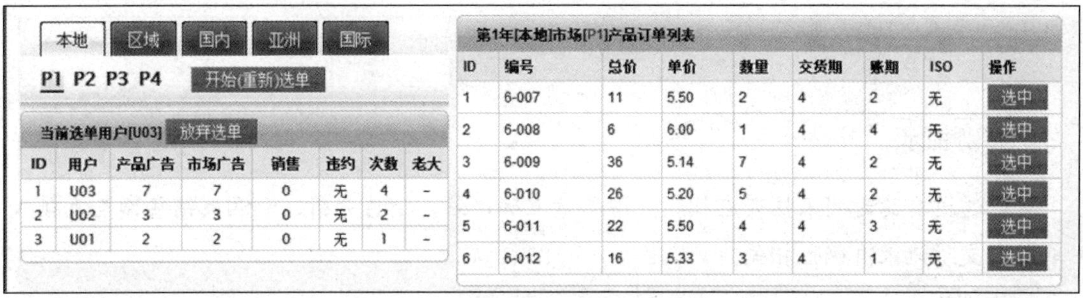

本地　区域　国内　亚洲　国际

P1　P2　P3　P4　开始(重新)选单

当前选单用户[U03]　放弃选单

ID	用户	产品广告	市场广告	销售	违约	次数	老大
1	U03	7	7	0	无	4	-
2	U02	3	3	0	无	2	-
3	U01	2	2	0	无	1	-

第1年[本地]市场[P1]产品订单列表

ID	编号	总价	单价	数量	交货期	账期	ISO	操作
1	6-007	11	5.50	2	4	2	无	选中
2	6-008	6	6.00	1	4	4	无	选中
3	6-009	36	5.14	7	4	2	无	选中
4	6-010	26	5.20	5	4	2	无	选中
5	6-011	22	5.50	4	4	3	无	选中
6	6-012	16	5.33	3	4	1	无	选中

图附 2-4　选单管理

特别提示

无论是首次开始选单还是重新选单必须单击“开始(重新)选单”按钮。如果放弃选单，无论还有几次剩余选单次数，均无再选单的权利。

选单中，如果有误，可以随时对该回合重新选单；也可以不按照(本地，P1)、(本地，P1)、(本地，P2)、(本地，P3)……(国际，P3)、(国际，P4)顺序选单；可以随时对任意回合重新选单。

选单规则如下：

- 上年本市场销售排名第一的企业，如在该市场没有违约记录，称为“市场老大”，则在本年该市场投入广告的产品中(指所有产品)，优先选单(若有几队并列销售第一，则系统随机决定)。
- 按照各企业在某回合投放广告费的多少，排定选单顺序。
- 如果在一个回合中投入的广告费用相同，按照投入本市场的广告费总和(即 P1、P2、P3 和 P4 的广告费之和)，排定选单顺序。
- 如果本市场的广告总额也一样，按照上年本企业在该市场上实现的销售额排名，排定选单顺序。
- 如果上年实现的销售额也相同，则系统随机决定。

3. 订单交货

若各用户交货，可以选择交货时间，如图附 2-5 所示。

[U02][第1年]订单管理

ID	订单编号	年份	市场	产品	数量	总价	交货期	账期	ISO	操作
8	6-008	1	本地	P1	1	6	4	4	无	第一季度交货
11	6-011	1	本地	P1	4	22	4	3	无	未交货
12	6-012	1	本地	P1	3	16	4	1	无	未交货

图附 2-5　订单交货时间

特别提示

可以通过交货时间来核查应收款。请尽量准确记录，销售分析、利润表销售额与直接成本取数与交货记录准确性相关。

4. 报表录入(如图附 2-6 所示)

[U02][第1年]综合费用表

项目	金额
管理费	4
广告费	3
设备维修费	0
其他损失	0
转产费	0
厂房租金	0
新市场开拓	0
产品研发	0
ISO资格认证	0
信息费	0
合计	7

[U02][第1年]利润表

项目	金额
销售收入	48
直接成本	18
毛利	30
综合费用	7
折旧前利润	23
折旧	0
支付利息前利润	23
财务费用	0
税前利润	23
所得税	0
年度净利	23

[U02][第1年]资产负债表

项目	金额	项目	金额
现金	0	长期负债	0
应收款	0	短期负债	0
在制品	0	特别负债	0
产成品	0	所得税	0
原材料	0	负债合计	0
流动资产合计	0		
厂房	0	股东资本	50
生产线	0	利润留存	16
在建工程	89	年度净利	23
固定资产合计	89	所有者权益合计	89
资产总计	89	负债权益总计	89

确认信息

图附 2-6　报表录入

图中框线部分为自动计算生成，不可手工更改，圆圈部分为合计。其中广告费、销售收入、直接成本、利润留存四项边上有个“小算盘”按钮，表示如果关联数据改动，需要重新取数计算，为保证数据不出错，最好每次报表录入的时候都单击此按钮。

三、其他操作

1. 用户操作区

- 公司信息：录入公司相关信息，录入完成，单击该用户完成信息刷新。
- 贷款登记：此处记录各队长贷、短贷及其他贷款借还情况。

特别提示

提示最大贷款额=上年权益×3-上年报表所有贷款，具体贷款可由教师决定。

- 原料登记：此处记录各队原料订购情况。
- 开发登记：此处记录各队生产资格、市场资格、ISO 开发完成情况。
- 固定资产：此处记录各队厂房、生产线使用拥有情况。

2. 公共操作区

- 数据初始化：可以选择订单方案、队数、市场老大、各要素分值，如图附 2-7 所示。初始化后不可更改，请务必谨慎操作。

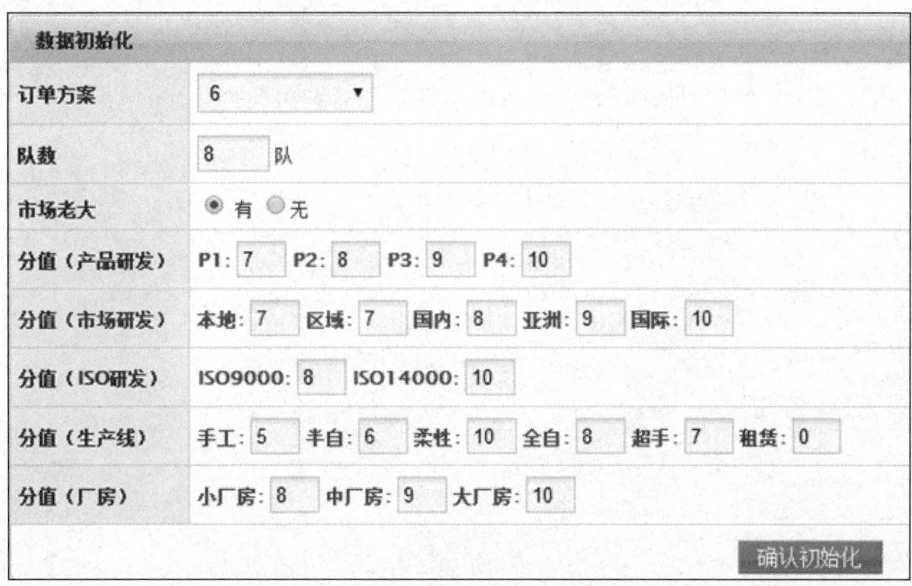

数据初始化	
订单方案	6 ▼
队数	8 队
市场老大	◉有 ○无
分值（产品研发）	P1: 7 P2: 8 P3: 9 P4: 10
分值（市场研发）	本地: 7 区域: 7 国内: 8 亚洲: 9 国际: 10
分值（ISO研发）	ISO9000: 8 ISO14000: 10
分值（生产线）	手工: 5 半自: 6 柔性: 10 全自: 8 超手: 7 租赁: 0
分值（厂房）	小厂房: 8 中厂房: 9 大厂房: 10
	确认初始化

图附 2-7 数据初始化

特别提示

本平台订单是灵活的，可以用订单工具生成。

- 备份还原：可以备份还原本账套数据。各账套数据间相互独立，互不影响。
- 资产负债：查询各队历年资产负债表。
- 综合费用：查询各队历年综合费用表。
- 广告信息：查询各队广告投放情况。
- 订单信息：查询订单整体情况。包括订单归属、交单情况。
- 公共信息：查询各队利润、权益、分值及市场老大情况。

分值计算规则如下：

分值＝经营最后一年所有者权益×(1＋企业综合发展潜力/100)

企业综合发展潜力＝市场资格分值＋ ISO 资格分值＋生产资格分值＋各条生产线分值＋厂房分值

其中各要素分值在初始化时决定，中途不可随意更改。各类资格开发情况、生产厂房拥有情况需要在系统中登记，如果租的厂房不计算分值，请不要登记。

- 销售分析、成本分析、杜邦分析：查看经营分析。

附录3

百树电子沙盘 V4.1(人机/人人)申请安装说明[1]

百树电子沙盘 V4.1 兼容创业者、商战、人机对抗，可以通过 www.135e.com 下载安装程序。安装步骤如下所示。

(1) 在电脑上安装(使用默认路径，360 设置成信任)，(如遇 Windows 7 及以上系统，鼠标右键→系统管理员运行)，安装结束后启动，出现如图附 3-1 所示的图标。

图附 3-1　安装百树电子沙盘 V4.1

手机关注百树电子沙盘微信公众号(GT135E)，或扫描如图附 3-2 所示的二维码(有加密狗用户需要事先激活加密狗，可将加密狗号发 QQ18682659 联系激活)。

1　服务器必须联网，推荐使用谷歌浏览器。

图附 3-2　二维码

(2) 进入公众号——用户中心来完善个人资料，扫描控制台中心二维码购买相应服务启动相应购买功能(加密狗用户需要微信成功支付 0.01 元)，如图附 3-3 所示。

图附 3-3　进入公众号

(3) 单击控制台中的“启动”按钮，关闭并重启程序，如图附 3-4 所示。

图附 3-4　重启程序

(4) 系统管理员用账户为“admin”，密码为“1”的账户登录，登录网址为“http://服务器 IP:端口号”。

参 考 文 献

[1] 何晓岚等. 商战实践平台指导教程[M]. 北京：清华大学出版社，2012.

[2] 路晓辉. ERP 制胜：有效驾驭管理中的数字[M]. 北京：清华大学出版社，2005.

[3] 路晓辉，陈晓梅. 沙盘模拟原理及量化剖析[M]. 北京：化学工业出版社，2010.